burda
Alles aus der Röhre

KOCHBUCH NR. 10

200 Rezepte für Braten,
Aufläufe und Pasteten aus
Fleisch und Fisch

Verlag Aenne Burda, 76 Offenburg
ISBN 3-920 158-12-1
Rezepte: burda-Kochstudio
Redaktion: Elisabeth Klapper
Fotos: burda-Fotostudio
Druck: Reiff-Druck, 76 Offenburg
Printed in Westgermany

Inhalt

Vorwort

Dieses Buch ist der Zubereitung von Fleisch- und Fischspeisen in der Bratröhre gewidmet. Rezepte für leckere Aufläufe und herrliche Soufflés, für würzige Pies (Pasteten), herzhaft-rustikale Eintöpfe und zarte Braten mit knuspriger Kruste regen zum Ausprobieren an.

Ein Extra-Kapitel behandelt ausführlich die Zubereitung im Tontopf und in der Brat- oder Aluminiumfolie. Die Vorteile dieser modernen Kochmethode: Die Speisen können fettarm zubereitet werden. Sie garen hauptsächlich im eigenen Saft und behalten ihren spezifischen Geschmack. Obendrein schmecken diese Speisen besonders zart und bleiben einmalig saftig.

Für die Hausfrau hat diese Zubereitungsart große Vorteile: Während das Gericht in der Röhre brutzelt, kann sie anderen Arbeiten nachgehen oder sich der Familie widmen.

Alle Rezepte sind – falls nicht anders angegeben – für 4 Personen berechnet und mit der Kalorienanzahl versehen.

Die verschiedenen Garmethoden

Backen: Garen von Speisen in trockener Hitze bei Temperaturen von 120–250 Grad unter Bräunen. Gerät: Backform. Anwendung: Pasteten, Aufläufe. Aufläufe werden ohne Deckel gebacken, wenn man Wert auf eine knusprige Kruste legt. Mit Deckel gebacken wird der Auflauf saftiger.

Braten: Garen unter Bräunen mit oder ohne Fett bei 190–275 Grad. Geräte: Fettpfanne, offener Brattopf, Bratenpfanne mit Rost. Anwendung: Fleisch, Fisch, Geflügel, Wild. Gebraten wird alles Fleisch, das von Natur aus zart ist (Kalb- und Schweinefleisch, Geflügel, Lamm, Hammel, Rinderfilet, Roastbeef) und das eine Kruste bekommen soll.

Schmoren: Anbraten in etwas Fett bei ca. 180 Grad. Danach Garen bei ca. 100 Grad im geschlossenen Topf mit etwas Flüssigkeit (Wasser, Brühe, Wein). Gerät: Geschlossenes Kochgeschirr. Anwendung: Fleisch, Geflügel, Wild, auch mit Füllungen. Geschmort wird Fleisch, das weniger zart ist: Rindfleisch, Wild (vor allem Fleisch von älteren Tieren).

Dünsten: Garen in sehr wenig Flüssigkeit (Wasser, Brühe) mit wenig Fett bei ca. 100 Grad. Gerät: Kasserolle. Anwendung: Fisch und Geflügel (ohne knusprige Haut).

Braten, Schmoren und Dünsten in Aluminiumfolie

Aluminiumfolie ist luft- und wasserdicht. Speisen garen darin im eigenen Saft und behalten ihr spezifisches Aroma. Vitamine, Mineralstoffe und Spurenelemente bleiben weitgehend erhalten. Diese Garmethode fördert eine gesunde, kalorienarme Ernährungsweise. Die in Folie gegarten Gerichte werden nicht intensiv gebräunt. Für eine braune Kruste: Einige Minuten vor dem Herausnehmen die Folie öffnen.

Braten, Schmoren und Dünsten in der Bratfolie

Das Garen von Speisen in der Bratfolie hat dieselben Vorteile wie das Garen in der Aluminiumfolie. Nur wird im Unterschied zur Alu-Folie ein Braten in der Bratfolie ringsum gleichmäßig schön gebräunt.

Wichtig: Bevor Sie den gefüllten, verschlossenen Bratfolienbeutel in die auf höchstens 200 Grad vorgeheizte Röhre geben, stechen Sie den Beutel mit einer Gabel oben zweimal ein. So kann die sich in der Hitze ausdehnende Luft entweichen. Den Beutel immer auf den kalten Rost mit untergeschobener Fettpfanne legen und die untere Schiebeleiste des vorgeheizten Backrohrs benutzen.

Bei allen Garmethoden wird der Backofen vorgeheizt!

Braten und Schmoren im Tontopf

Im Tontopf werden alle Speisen mit wenig oder ohne Fett und Flüssigkeit gegart. Dabei bleiben die Aroma- und Wirkstoffe zum größten Teil erhalten. Soll ein Braten besonders knusprig werden, brauchen Sie nur während der letzten zehn Minuten Garzeit den Deckel vom Tontopf abzunehmen.

Wichtig: Den Tontopf immer in den kalten Backofen geben. Elektroherde werden sofort auf die erforderliche Temperatur (höchstens 250 Grad) eingestellt. Gasherde werden stufenweise aufgeheizt: Zuerst auf kleinste Flamme stellen, dann im Abstand von jeweils fünf Minuten in zwei Stufen die erforderliche Temperatur einstellen.

Die meisten Gerichte können auch im Tontopf serviert werden.

Temperaturregelung für Gas- und Elektrobacköfen

Gasbackofen in Stufen	1	2	3	4	5	6	7	8
Elektrobackofen in C°	160	180	200	220	240	260	280	300

Inhaltsverzeichnis nach Gruppen

Paprikalende

4 Portionen à 240 Kalorien

250 g Schweinelende
Salz
1 Teelöffel milder Paprika
etwas gemahlener Kümmel
etwas Knoblauchsalz oder -pulver
4 Scheiben Räucherspeck
1 Zwiebel
1 rote Paprikaschote
1/8 l saure Sahne
1 Päckchen Bratensoße

Schweinelende mit Salz, mildem Paprika, gemahlenem Kümmel und Knoblauchsalz oder -pulver einreiben, mit Speckscheiben längs belegen und mit Garn umwickeln. Die Schweinelende in der auf 180 Grad vorgeheizten Backröhre ca. 20 Minuten braten, nach 10 Minuten feingewürfelte Zwiebel und in Streifen geschnittene Paprikaschote zugeben und mitbraten lassen. Gegarte Schweinelende herausnehmen, Garn entfernen und in Scheiben schneiden. Saure Sahne und das nach Vorschrift angerührte Bratensoßenpulver zum Bratenfond geben, aufkochen. Dazu: Reis.

Spanferkel

10 Portionen à 1170 Kalorien

1 Spanferkel (ca. 5 kg)
Salz, Pfeffer, 5 Schalotten
2 Likörgläser Weinbrand
150 g Räucherspeck
1 Zwiebel
2 Paar rohe Bratwürste
3 altbackene Brötchen
2 Eier, Thymian, Petersilie
2 Tassen Öl
1 Flasche dunkles Bier

Ferkel entborsten, ausnehmen (Leber zurückbehalten), waschen und einen Tag kühl abhängen lassen. Beim Ausnehmen darauf achten, daß nur ein Teil der Bauchunterseite aufgeschlitzt wird, damit nach dem Füllen nicht zuviel genäht werden muß. Fleisch innen und außen mit Salz und Pfeffer einreiben und innen mit gehackten Schalotten und dem Weinbrand würzen. Den gewürfelten Speck mit gehackten Zwiebeln anschwitzen, die kleingewürfelte Leber des Ferkels zugeben, nur leicht anbraten und mit dem ausgedrückten Bratwurstbrät, den eingeweichten und ausgedrückten Brötchen, Eiern, Salz, Pfeffer, Thymian und gehackter Petersilie vermischen. Masse in das Spanferkel füllen, zunähen, die Beine einknicken und das Ferkel in eine passende Bratenpfanne geben. Die Ohren und den Schwanz mit Alufolie umwickeln und das Ferkel in der auf 200 Grad vorgeheizten Backröhre 1 Stunde braten, danach auf 180 Grad schalten und ca. 1½–2 Stunden weiterbraten. Von Zeit zu Zeit mit Öl bestreichen und mit Bier übergießen. Das Ferkel muß, sobald die Füllung gar ist, außen schön braun und knusprig sein. – Dazu Brot und Salate.

Schweinebraten „Florida“

Fleisch salzen und pfeffern. Zwiebel schälen und grob würfeln. Schweinebraten im heißen Fett ringsum braun anbraten. Zwiebelwürfel zugeben und den Braten bei 200 Grad in ca. 1 1/4 Stunden gar werden lassen. Inzwischen Essig, Zucker, Tomatenketchup, Streuwürze, Ananas mit Saft sowie Speisestärke verrühren. Fertigen Braten herausnehmen und warm stellen. Bratensatz mit 1/8 l Wasser loskochen, durchseihen, die Ananasmischung dazugeben und unter Rühren einmal kurz aufkochen lassen. Braten aufschneiden und mit Soße servieren. Beilagen: Kartoffelpüree oder Kroketten und Gemüse nach Wahl.

4 Portionen à 340 Kalorien

750 g Schweinerollbraten
Salz, Pfeffer, 1 Zwiebel
1 Eßlöffel Backfett
1/2 Tasse Weinessig
2 Eßlöffel Zucker
2 Eßlöffel Tomatenketchup
1 Teelöffel Aromat oder Fondor
1/2 Tasse geschnittene Ananas mit Saft
1 gestrichener Teelöffel Speisestärke

Hackfleisch-Makkaroni-Auflauf

Die in Stücke gebrochenen Makkaroni etwa 8–12 Minuten in Salzwasser kochen, abgießen und gut abtropfen lassen. Inzwischen die Zwiebeln schälen und fein hacken. Speck und Käse in 1 cm große Würfel schneiden. Butter oder Margarine erhitzen, Speck darin glasig braten und Zwiebeln darin gelb dünsten. Hackfleisch zugeben, mit einer Gabel zerteilen und kurz anbraten. Mit Makkaroni und Käse in eine gefettete Auflaufform schichten. Eier mit Milch, Pfeffer, Muskat und feingeschnittenem Schnittlauch verquirlen und darübergießen. Bei 200 Grad etwa 40 Minuten backen lassen. In der Form servieren.

4 Portionen à 850 Kalorien

250 g Makkaroni
2 Zwiebeln
100 g Räucherspeck
175 g Emmentaler Käse
1 Eßlöffel Butter oder Margarine
250 g Hackfleisch
4 Eier, 1/8 l Milch
Pfeffer, Muskat
1 Bund Schnittlauch

Schweinebraten „Bäckerin-Art“

Die geschälten Kartoffeln in 1/2 cm dicke Scheiben schneiden und mit Zwiebelringen in ein feuerfestes Geschirr geben. Mit Brühe übergießen, mit Pfeffer und Thymian würzen und in der Röhre bei 200 Grad ca. 30 Minuten garen. Fleischscheiben auf die Kartoffeln legen, mit Alufolie bedecken und in weiteren 20 Minuten fertiggaren. Bohnen nach Vorschrift bereiten, mit den Kartoffeln und dem Fleisch anrichten und mit brauner Butter übergießen. Aus dem Bratensoßenpulver eine Soße bereiten.

4 Portionen à 720 Kalorien

1 kg Kartoffeln
2 Zwiebeln
1/4 l Brühe (Würfel)
Pfeffer, Thymian
8 Scheiben tiefgefrorener Schweinebraten
1 Paket tiefgekühlte Bohnen, 1 Eßlöffel Butter
1 Beutel Bratensoße

Schweinskrone mit Beilagen

4 Portionen à 1120 Kalorien

**1 Kotelettstück vom
mageren Schwein mit
10 bis 12 Rippen
(lassen Sie die Rückgrat-
knochen von Ihrem
Metzger abhauen)
2 Teelöffel Salbei
1 Teelöffel Thymian
1/2 Teelöffel gemahlener
Kümmel, etwas Salz
gemahlener schwarzer
Pfeffer, 3 Eßlöffel Öl
1 Möhre, 1 Zwiebel
1/4 l Weißwein
1/8 l süße Sahne
1 gehäufter Teelöffel
Speisestärke**

Stielknochen des Kotelettstücks etwa 3–4 cm vom Fleisch freilegen. Fleisch gut mit Gewürzen einreiben, einölen. Kotelettstück mit der Hautseite nach außen zu einer Krone formen und die Fleischenden mit einem Bindfaden zusammennähen. Danach in die Fettpfanne legen und rundherum Möhren- und Zwiebelwürfel verteilen. Bei 200 Grad im vorgeheizten Backofen etwa 90 Minuten lang braten. Anschließend den Braten herausnehmen und warm stellen. Bratensatz mit Weißwein durchkochen und durchseihen. Sahne mit Speisestärke verquirlen und Soße damit binden. Schweinskrone anrichten. Nach Wunsch die herausragenden Knochen mit Weintrauben oder Kirschen bestecken. Wo die Knochen zu kurz sind, können Sie einen halben Zahnstocher als Kronenzacke verwenden. Die Schweinskrone am Tisch tranchieren.
Beilagen: Kartoffelpüree, Rotkohl, Birnenhälften, mit Preiselbeeren gefüllt, gemischte Salatplatte, Rosenkohl, Champignons, grüne Bohnen, Möhren, Erbsen, Kartoffelkroketten oder Apfelkompott.

Gefüllte Schweinsbrust

4 Portionen à 1085 Kalorien

**1 kg magere Schweinsbrust
mit Schwarte
3 altbackene Brötchen
1/8 l Milch, 3 Eier
Salz, Pfeffer, Majoran
2 Essiggurken
1/2 rote Paprikaschote
einige Silberzwiebeln oder
1 gewürfelte,
angeschwitzte Zwiebel**

Vom Fleischer eine Tasche in die Schweinsbrust schneiden lassen. Brötchen in Scheiben schneiden, mit heißer Milch aufquellen lassen und Eier, Gewürze und Würfel von Gurke, Paprika und die Zwiebeln zufügen. Masse in die Brust füllen, die Öffnung zunähen und das gewürzte Fleisch in die vorgewärmte Backröhre schieben (Schwartenseite nach unten, Bratpfanne 1 cm hoch mit Wasser bedeckt). Ist das Wasser verdampft, die Schweinsbrust herausnehmen, die Schwarte mit einem Messer leicht einritzen. Mit der Schwartenseite nach oben den Braten in ca. $1^1/_2$ Stunden bei 180 Grad garen. Dabei einige Male mit Fett begießen, zuletzt mit etwas Salzwasser bestreichen, damit die Schwarte knusprig wird. Beilage: Gemischte Salatplatte.

◂ Gefülltes Schweinefilet

Schweinefilet von Sehnen befreien, salzen, pfeffern und längs bis auf 1 cm einschneiden. Bratwurstmasse mit Kräutern vermischen, in die Schweinelende füllen, mit Senf bestreichen und Holzspießchen quer durch das Fleisch stecken, damit es beim Braten zusammenhält. In einer Pfanne in der Röhre das Öl erhitzen, das Schweinefilet mit der Füllung nach oben einlegen und gut anbraten. Mit Nelken besteckte Ananasscheiben um das Fleisch legen, mit Zucker bestreuen und bei 180 Grad ca. 20 Minuten braten und dabei mehrmals mit Bratenfett übergießen. Das angerichtete Schweinefilet mit Ananas und Kirschen garnieren, den Bratensatz mit Weißwein verkochen und Soßenpulver zugeben. Beilagen: Kartoffelpüree, Salat.

4 Portionen à 610 Kalorien

1 Schweinefilet
Salz, Pfeffer
1 Paar rohe Bratwürste
1 Teelöffel gehackte Kräuter (Kerbel, Petersilie oder Schnittlauch)
1 Teelöffel Senf
3 Eßlöffel Öl
10 bis 12 Nelken
4–5 Scheiben Ananas
kandierte Kirschen
1/2 Teelöffel Zucker
1/8 l Weißwein
1 Beutel Bratensoße

Paprika-Schweinebraten

Schweinebraten mit Salz und Pfeffer würzen, in dem Öl anbraten, Zwiebel und Karottenwürfel zugeben und im vorgeheizten Rohr bei 200 Grad ca. 45 Minuten braten. Fleisch herausnehmen, Bratensatz mit Fleischbrühe loskochen, Soße passieren, mit Speisestärke und saurer Sahne binden. In Streifen geschnittene Paprikaschoten und Paprikapulver zugeben. Soße kurz durchkochen lassen. Als Beilagen: Kartoffelpüree.

4 Portionen à 880 Kalorien

700 g Schweinebraten (vom Kotelettstück)
Salz, Pfeffer, 3 Eßl. Öl
2 Zwiebeln, 2 Karotten
1/4 l Fleischbrühe aus Brühwürfel, 2 Teel. Speisestärke, 1/4 l saure Sahne, 2 Paprikaschoten
1 Teelöffel milder Paprika

◂ Schweinerollbraten

Rollbraten mit Salz, 1/2 Teelöffel Paprika, Thymian oder Kümmel einreiben. Öl in einer Pfanne erhitzen, Fleisch ringsum anbraten, mit groben Zwiebel- und Karottenwürfeln umlegen und in der Röhre mit der Fettseite nach oben bei 190 Grad ca. 1 Stunde braten. Der Braten soll nicht abgelöscht oder zugedeckt werden. Braten herausnehmen, warm stellen. Den Bratensatz mit Wasser auffüllen. Soßenpulver und saure Sahne vermischen, zum Bratensatz geben. Durchseihen und mit Paprika abschmecken. Beilagen: Reis, Teigwaren oder Kartoffelpüree, Salate oder Gemüse.

4 Portionen à 890 Kalorien

750 g Schweinerollbraten
Salz
1 Teelöffel milder Paprika
etwas Thymian oder gemahlener Kümmel
3 Eßlöffel Öl, 1 Zwiebel
1 Karotte, 1/4 l Wasser
1 Beutel Bratensoße
1/8 l saure Sahne oder etwas Kondensmilch

Hammelkrone ▸

4 Portionen à 965 Kalorien

1 kg Hammelkotelett (ausgebeint bis auf die Rippenknochen)
Salz, Pfeffer
1 Knoblauchzehe
1 Zwiebel, 1 Karotte
1 Eßlöffel Öl
1 Teelöffel Tomatenmark
1/4 l Fleischbrühe aus Brühwürfel

Kotelettstück mit Salz, Pfeffer und zerdrücktem Knoblauch würzen und an beiden Enden mit Garn zusammennähen, die Rippen müssen dabei nach außen kommen, so daß die Form einer Krone entsteht. Mit den Gemüsewürfeln in der Röhre bei 190 Grad ca. 1 Stunde braten. Das Fleisch soll beim Anschneiden noch leicht rosa sein. Den Bratensatz mit Tomatenmark vermischen, mit Fleischbrühe verkochen und passieren. Knochenenden mit Papiermanschetten bestecken. Dazu Röstkartoffeln und grüne Bohnen.

Schweinefleischterrine

4 Portionen à 660 Kalorien

375 g grobes Schweinemett
2 Paar rohe Bratwürste
2 Eigelb
1 entrindetes Brötchen (in süßer Sahne geweicht)
2 Zwiebeln
1 Eßlöffel Butter
125 g frische Champignons
1 Knoblauchzehe, Salz
Pfeffer, Pastetengewürz
2 Likörgläser Madeira oder Sherry
2 Essiggurken

Schweinemett mit Bratwurstbrät, Eigelb und eingeweichtem Brötchen in eine Schüssel geben. Zwiebelwürfel im Fett hell dünsten, die gewaschenen und feingehackten Champignons zugeben, ohne Flüssigkeit dünsten. Zerdrückten Knoblauch, Salz und Pfeffer beifügen und alles erkaltet zum Fleisch geben. Die Farce mit Pastetengewürz, Madeira oder Sherry und gewürfelten Essiggurken gut vermengen, pikant abschmecken. Die Masse in eine gefettete, feuerfeste Form geben und im Wasserbad in der Backröhre bei 190 Grad ca. 1 Stunde garen. Die Terrine erkalten lassen, danach in Scheiben schneiden und mit Toast und Butter servieren.

Gebratene Lammkeule ▸

6 Portionen à 600 Kalorien

ca. 1,5 kg Lammkeule
Pfeffer
2 Knoblauchzehen, Salz
2 Eßlöffel Öl
1 Karotte, 1 Zwiebel
1/2 Teelöffel Thymian
2 Teelöffel Tomatenmark
Aromat oder Fondor
1 Teelöffel Speisestärke

Lammkeule mit weißem, feingemahlenem Pfeffer gut einreiben. Die Knoblauchzehen mit Salz zerdrücken, die Lammkeule damit gut würzen. Lammkeule in heißem Öl ringsum anbraten. In die vorgeheizte Backröhre bei 220 Grad stellen und grobe Karotten- und Zwiebelwürfel zugeben. Die Hitze auf ca. 190 Grad zurückschalten. Keule in ca. 1 1/4 Stunden garen lassen. Zwischendurch einige Male mit Bratenfett übergießen. Zuletzt Thymian und Tomatenmark zugeben, etwas anrösten, mit ca. 3/8 l Brühe auffüllen. Streuwürze zugeben, mit Speisestärke binden. Soße durchseihen. Beilagen: Rosenkohl und Pommes frites.

◂ Hammelrücken

Lenden vom Rücken lösen, enthäuten und wieder daranlegen. Rücken fest mit Garn umwickeln und die Enden verknoten. Knoblauch schälen, zerreiben, mit Salz und Pfeffer mischen und das Fleisch damit einreiben. Öl im Bratentopf erhitzen, den Hammelrücken auf der Oberseite anbraten und bei 200 Grad in den Backofen geben. Zwiebel und Möhre nach 15 Minuten zum Braten geben. Das Fleisch nach 45 Minuten herausnehmen und anrichten. Fleischbrühe zum Bratensatz rühren, Soße entfetten, aufkochen und durch ein Sieb gießen. Beilagen: Grüne Bohnen, gegrillte Tomaten und Pommes chips.

4 Portionen à 710 Kalorien

1 kg Hammelrücken
2 Knoblauchzehen
Salz, Pfeffer
2 Eßlöffel Öl
1 Zwiebel, 1 Möhre
1/4 l Fleischbrühe

Lammbrust auf „Teufelsart"

Die Lammbrust auf beiden Seiten salzen, pfeffern und mit Öl und Zitronensaft beträufelt ca. 1 Stunde stehen lassen. Die Lammbrust auf den Rost in der Fettpfanne legen, bei 200 Grad in die Mitte der vorgeheizten Backröhre schieben, ca. 1 Stunde garen. Danach die Fleischseite mit dem Senf, verrührt mit Öl und Worcestersoße, bestreichen, mit dem geriebenen Brot bestreuen, mit Fett beträufeln und in weiteren 15–20 Minuten goldbraun werden lassen. Mit Kartoffeln und grünen Bohnen servieren.

4 Portionen à 860 Kalorien

ca. 1 kg Lammbrust
Salz, Pfeffer
3 Eßlöffel Öl
2 Eßlöffel Zitronensaft
3 Eßlöffel scharfer Senf
2 Eßlöffel Öl
1/2 Eßlöffel Worcestersoße
2–3 Eßlöffel weiße Semmelbrösel

◂ Lammbraten „Frühlingsart"

Fleisch würzen, mit Bratfett im vorgeheizten Backofen (dicke Fleischseite nach oben) 1/2 Stunde bei 220 Grad und 3/4 Stunden bei 180 Grad braten. Braten wenden, Zwiebel und Thymian zugeben. Bratensatz mit Brühe ablöschen, durchseihen.
Für die Garnitur: Zitronensaft, Streuwürze, Salz und Wasser aufkochen. Gewaschenen, halbierten Chicorée einlegen. 20 Minuten dünsten, abtropfen, in Margarine braten. Erbsen und Karotten dünsten, salzen. Lammbraten mit Gemüsen umlegt anrichten. Dazu überbakkene Kartoffelringe reichen.

4 Portionen à 750 Kalorien

1 kg Lammkeule, Salz
Pfeffer, 1 Löffelspitze Knoblauchpulver
1 Eßlöffel Bratfett
1 Zwiebel, 1 Zweig oder 1/2 Teelöffel Thymian
1/4 l Brühe (Würfel)
Gemüse-Garnitur:
6 Stangen Chicorée
1/2 Dose grüne Bohnen oder Möhren mit Erbsen

Gebratene gefüllte Lammschulter

4 Portionen à 1170 Kalorien

1 kg ausgebeinte Lammschulter
1/4 Dose geschnittene Champignons, 3 Zwiebeln
2 Scheiben Räucherspeck
1 Eßlöffel Butter oder Margarine, 1 Ei
2 Scheiben Toastbrot
1 Eßlöffel gehackte Petersilie, Salz, Pfeffer
2 Knoblauchzehen
1 kg Kartoffeln
1 Beutel Bratensoße

Champignons gut abtropfen lassen. Zwiebeln in grobe Würfel schneiden, mit Speck und Fett goldgelb braten und 1/3 der Zwiebeln zu den Champignons geben. Ei, in Wasser eingeweichtes und ausgedrücktes Toastbrot und gehackte Petersilie vermischen, mit Salz und Pfeffer würzen, in die Lammschulter einfüllen und mit Garn zunähen. Knoblauchzehen zerdrücken, mit Salz zerreiben, etwas Pfeffer untermischen, mit diesem Knoblauchsalz die Lammschulter von außen gut einreiben. Fleisch mit der Fettseite nach unten in eine Bratenkasserolle einlegen und in der auf 225 Grad vorgeheizten Backröhre 15 Minuten anbraten, wenden, die geschälten und geviertelten Kartoffeln ebenfalls in die Pfanne geben und alles zusammen in 1 Stunde gar werden lassen. Dabei die Lammschulter mehrmals mit dem Bratensaft begießen. Fertige Lammschulter herausnehmen, Garn entfernen und Fleisch aufschneiden. Das nach Vorschrift angerührte Soßenpulver zu den Zwiebeln geben, aufkochen und diese Soße zu der Lammschulter und zu den Kartoffeln servieren. Beilagen: Grüne Bohnen, Tomaten.

Schweinebraten mit Rotkraut

4 Portionen à 910 Kalorien

750 g Schweinekeule mit Schwarte, Salz, Pfeffer
1/8 l Wasser
1 Zwiebel, 1 Karotte
500 g Eßkastanien
1 Eßlöffel Zucker
1 Zwiebel, 2 Äpfel
1 Eßlöffel Butter oder Margarine
1 kleinen Kopf Rotkraut
1 Lorbeerblatt, 2 Nelken
1/4 l Fleischbrühe (Würfel)
3–4 Eßlöffel Himbeersaft
3–4 Eßlöffel Essig
2 Teelöffel Speisestärke

Schweinekeule salzen und pfeffern, mit der Schwarte nach unten in die mit 1/8 l heißem Wasser gefüllte Pfanne legen. 5 Minuten kochen lassen, herausnehmen, Schwarte rautenförmig einritzen. Braten unter häufigem Übergießen bei 190 Grad in ca. 1 1/4 Stunden in der Röhre garen. Zwiebel- und Karottenwürfel nach der halben Garzeit zugeben. Kastanien einritzen, in Salzwasser aufkochen, schälen. Zucker karamelisieren, Kastanien, Salz und Wasser zugeben, 10 Min. dünsten. Für das Rotkraut: Zwiebel- und Apfelscheiben in Fett dünsten, feingeschnittenes Rotkraut zugeben, mit Lorbeerblatt und Nelken würzen, Fleischbrühe auffüllen, garen. Mit Himbeersaft, Essig und kalt angerührter Speisestärke binden. Fertigen Braten warm stellen, Bratensatz mit Wasser loskochen, durchpassieren, zum aufgeschnittenen Braten reichen.

Pikante Lammschulter

Lammschulter innen und außen salzen und pfeffern. Brotscheiben mit dem verquirlten Ei übergießen und weichen lassen. Bratwurstbrät, Kräuter, zerriebenen Knoblauch, die gut abgetropften Mixed Pickles, Curry und Salz zugeben und gut vermischen. Die Lammschulter mit dieser Masse füllen, ringsum zunähen und in der auf 190 Grad vorgeheizten Backröhre in Öl anbraten. Mit der Fettseite nach oben, mit groben Zwiebel- und Karottenwürfeln ca. 1½ Stunden braten. Fertiges Fleisch herausnehmen, Garn entfernen und warm halten. Bratensatz mit Wasser loskochen, das Tomatenmark zugeben, durchkochen, durchpassieren und getrennt zum Braten reichen. Beilagen: Prinzeßbohnen und Kartoffeln.

6 Portionen à 420 Kalorien

1 kleine Lammschulter (Knochen vom Fleischer auslösen lassen)
Salz, Pfeffer
2 Scheiben entrindetes Weißbrot, 2 Eier
1 Paar rohe Bratwürste
1 Eßlöffel gehackte Kräuter
1 Knoblauchzehe
1 kleines Glas Mixed Pickles
1/2 Teelöffel Curry
2 Eßlöffel Öl, 1 Zwiebel
1 Karotte
etwas Tomatenmark

Spanische Schweinekoteletts

Koteletts mit Salz, Paprika und Knoblauchsalz würzen und in Öl einige Minuten anbraten. Herausnehmen. In dem Fett Zwiebelstreifen anbraten, Champignons, in Streifen geschnittene Essiggurken und halbierte Oliven zugeben. Soßenpulver in ⅜ l Wasser anrühren, zugeben und aufkochen lassen. Koteletts mit der Soße in ein feuerfestes Geschirr geben und in der Röhre bei 180 Grad ca. 20 Minuten garen. Beilagen: Reis oder Spätzle und Salat.

4 Portionen à 560 Kalorien

4 Schweinekoteletts, Salz
1/2 Teelöffel milder Paprika
etwas Knoblauchsalz
2 Eßlöffel Öl, 1 Zwiebel
1/4 Dose Champignons
2 Essiggurken
1/2 Glas Oliven
1 Beutel Bratensoße
3/8 l Wasser

Schweinerollbraten, einfach

Schweinekarree zusammenrollen, mit Garn zusammenbinden, salzen und mit Paprika einreiben. Mit der Fettseite nach oben in eine feuerfeste Form legen, mit geviertelter Zwiebel und Karottenstücken umlegen und mit Wasser begießen. Im auf 190 Grad vorgeheizten Backrohr 1½ Stunden garen. Fleisch herausnehmen, Garn entfernen. Bratenfond durchpassieren, mit kalt angerührter Speisestärke binden und zum Rollbraten reichen.

4 Portionen à 760 Kalorien

750 g Schweinekarree ohne Knochen, Salz
1 Teelöffel Paprika
1 Zwiebel, 1 Karotte
1/3 Tasse Wasser
1/2 Teelöffel Speisestärke

Vitello Tonnato ▸ (Braten in Thunfischsoße)

4 Portionen à 485 Kalorien

1 kg gerollter Kalbsbraten
2 Knoblauchzehen, Salz
Pfeffer, je 1 Teel. Rosmarin und Thymian, 4 Eßl. Öl
1 Zwiebel, 1 Möhre, 2 Lorbeerblätter, 1/2 l Hühnerbrühe, 1/8 l Weißwein
Für die Soße: 1 Dose Thunfisch, 4 Sardellenfilets
Saft 1/2 Zitrone, 2 Eßl. Kapern, 1/3 Tasse Olivenöl
1 Becher saure Sahne

Braten mit gehacktem Knoblauch und Gewürzen einreiben. In Öl ringsum anbraten. Zwiebel-, Möhrenwürfel und Lorbeerblätter zugeben. Mit Brühe und Wein auffüllen. Im Backofen bei 180 Grad 70–80 Minuten schmoren. Braten im Topf erkalten lassen. Für die Soße: Thunfisch, Sardellenfilets, Zitronensaft, Kapern und Olivenöl im Mixer pürieren. Saure Sahne und etwas kalte Bratenbrühe zugeben. Den erkalteten Braten in 1 cm dicke Scheiben schneiden und in der kalten Soße servieren. Mit Weißbrot reichen.

Kalbslende in Wermut

4 Portionen à 370 Kalorien

1 Kalbslende (ca. 600 g)
Salz, schwarzer Pfeffer
3 Eßl. Öl, 1 Teel. Butter
1 Zwiebel, 1 Zitrone
1 Teelöffel grüner Pfeffer
1/2 Weinglas Vermouth Dry, 1/8 l süße Sahne
1–2 Teelöffel Instant-Bratensoße

Fleisch salzen, pfeffern, in Öl anbraten. Gewürfelte Zwiebel und Butter dazugeben. Bei 225 Grad ca. 20 Minuten im vorgeheizten Backofen braten, herausnehmen. Den Saft 1/2 Zitrone, grünen Pfeffer, Vermouth und 1/2 Tasse Wasser mit dem Bratensatz 3 Minuten kräftig durchkochen. Sahne zugießen, aufkochen und mit etwas Instant-Bratensoße binden. Fleisch und Soße mit Grill-Tomaten anrichten und garnieren. Dazu Teigwaren servieren.

Gefüllter Kalbsrücken ▸

4 Portionen à 640 Kalorien

1 kg ausgelöster Kalbsrücken
Butter, 2 Lorbeerblätter
1 Teel. Pfefferkörner, 2 Rosmarinzweige, Salz, Pfeffer
1 Zwiebel, 50 g Räucherspeck, 2 Scheiben Toastbrot, 2 Eier, 50 g geschälte, geriebene Mandeln
1 Eßl. gehackte Petersilie
1/8 l saure Sahne
1 Teelöffel Speisestärke

Starke Alufolie einfetten und Lorbeerblätter, Pfefferkörner und Rosmarinzweige darauflegen. Fleisch mit Salz und Pfeffer einreiben und auf die Folie legen. Zwiebel- und Räucherspeckwürfel, mit zerbröckeltem Toastbrot, Eiern, Mandeln und Petersilie gut vermischen. Auf das Fleisch streichen und die Folie so darüberschlagen, daß der Rücken aufgerollt ist. Das Folienpaket gut verschließen und auf einem Bratenblech bei 200 Grad im Backofen 1 1/2 Stunden garen. Fleisch anrichten, die Soße mit Sahne und Speisestärke verrühren und noch einmal kurz aufkochen.

◂ Gefülltes Kalbsherz

Kalbsherz würzen. Mit gehackter Petersilie und Cognac vermischtes Bratwurstbrät einfüllen. Mit Garn binden. In Öl anbraten, Zwiebelwürfel drumlegen und bei 200 Grad ca. 1 Stunde garen. Zuletzt begießen und mit Alufolie abdecken. Herausnehmen, Garn entfernen und Fleisch warm stellen. Für die Soße: Bratensatz loskochen und mit Instant-Soße binden. Beilagen: Sellerie-, Möhren- oder Erbsengemüse und goldbraun überbackene Herzogin-Kartoffeln.

4 Portionen à 470 Kalorien

1 Kalbsherz
Salz, Pfeffer
1 Teelöffel Thymian
2 Bratwürste
Petersilie
1 Likörglas Cognac
2 Eßlöffel Öl
2 Zwiebeln, 2 Teel. Instant-Bratensoße

Kalbsbraten

Fleisch salzen, pfeffern, im Bratfett anbraten, in die Röhre schieben und bei 180 Grad ca. 1 1/2 Stunden braten. Dabei einige Male mit dem Bratfett übergießen. Nach 15 Minuten Bratzeit das gewürfelte Gemüse beifügen. Den gegarten Braten herausnehmen. Zum Bratensatz Tomatenmark geben, kurz durchrösten lassen, mit Brühe auffüllen, das Gemüse in der Soße mit dem Schneidstab zerkleinern oder mit dem Passierstab durch ein Sieb streichen. Soße mit kalt angerührter Speisestärke binden.

4 Portionen à 280 Kalorien

1 kg Kalbsfrikandeau
Salz, Pfeffer
Bratfett, 1 Zwiebel
1 Karotte
1/4 Sellerieknolle
1 Eßlöffel Tomatenmark
1/2 l Brühe aus Würfel
1 Teelöffel Speisestärke

◂ Marinierter Kalbsbraten

Das Fleisch in regelmäßigen Abständen mit einem spitzen Messer einschneiden und je 1/2 Sardellenfilet hineinstecken. Dann mit Salz und Pfeffer einreiben und in eine Schüssel legen. Öl aus der Sardellendose, Weißwein, Zitronensaft, 2 Zitronenscheiben und Basilikum zum Fleisch geben. Schüssel zudecken und für 1–2 Tage in den Kühlschrank stellen. Fleisch in dieser Zeit ein- bis zweimal umdrehen. Danach abtrocknen und in Mehl wenden. Öl in einem Bratentopf erhitzen, Fleisch hineinlegen und goldgelb anbraten. Den geschlossenen Topf in den auf 200 Grad vorgeheizten Backofen stellen. Fleisch 1 1/4 Stunden darin garen. Danach Marinade mit Speisestärke verquirlen, zum Bratenfond rühren und einmal aufkochen lassen. Fleisch in 1/2 cm dicke Scheiben schneiden, mit Soße übergießen. Beilagen: Kartoffeln, Erbsen und Salat.

4 Portionen à 290 Kalorien

1 Scheibe Kalbfleisch aus der Keule (etwa 500 g)
1 Dose Sardellenfilets
Salz, Pfeffer
1 Weinglas Weißwein
Saft von 1 Zitrone
1 Zitrone
1/2 gestrichener Teelöffel Basilikum oder 1 Zweig frisches Basilikumkraut
Mehl, 4 Eßlöffel Öl
2 gestrichene Teelöffel Speisestärke

Kalbsrücken „Gärtnerin-Art“

4 Portionen à 565 Kalorien

1 kg Kalbsrücken ohne Mittelknochen
Salz, Pfeffer
2 Eßlöffel Öl
1 Zwiebel
1 Blumenkohl
1 Päckchen tiefgekühlte junge Erbsen
1 kleine Dose grüne Bohnen, 1 kleine Dose Möhren
Aromat oder Fondor
1 Eßlöffel Butter
1/8 l Fleischbrühe (Würfel)

Fleisch salzen und pfeffern. Öl im Bratentopf erhitzen, Kalbsrücken hineinlegen und ringsum anbraten. Bei 200 Grad in den Backofen geben und 1 1/4 Stunden braten. Nach 1/2 Stunde die in Würfel geschnittene Zwiebel zufügen. Inzwischen Blumenkohl in Salzwasser kochen, Erbsen wie empfohlen zubereiten. Bohnen und Möhren getrennt erhitzen, mit Aromat oder Fondor würzen. Alle Gemüse in etwas Butter oder Margarine schwenken. Braten auf eine vorgewärmte Platte legen und mit dem Gemüse umlegen. Bratensatz mit Fleischbrühe loskochen, Soße abschmecken, durch ein Sieb passieren und getrennt zum Braten reichen. Beilage: knusprige Pommes frites.

Gebratene Kalbshaxe

4 Portionen à 450 Kalorien

1 Kalbshaxe (gut 1 kg)
Salz, Pfeffer
4 Eßlöffel Öl
2 Zwiebeln oder
1/2 Glas Silberzwiebeln
5 bis 6 Karotten
1/2 Teelöffel Zucker
1 Weinglas Weißwein
1 Teelöffel Tomatenmark
1 Beutel Bratensoße
1/4 l Wasser

Haxe mit Salz und Pfeffer würzen. Im Öl ringsum anbraten und in der vorgeheizten Backröhre bei 190 Grad ca. 1 1/4 Stunden braten. Zwiebelwürfel oder Silberzwiebeln und in Stifte geschnittene Karotten nach 1/2 Stunde Garzeit zum Fleisch geben, mit Zukker und Salz würzen und etwas Wein zugießen. Die angerichtete Haxe mit Gemüse umlegen. Tomatenmark zum Bratensatz geben, kurz erhitzen und kaltes Wasser zugeben. Soßenpulver einrühren und nochmals durchkochen lassen. Beilagen: Roh gebratene Kartoffeln oder Kartoffelpüree (Abb. siehe Kochbuchtitel).

Osso Buco (Kalbshaxe italienisch)

4 Portionen à 550 Kalorien

4 dicke Kalbshaxenscheiben
Salz, Paprika, Mehl, 2 Zwiebeln, 1 Knoblauchzehe
2 Möhren, 1/4 Sellerieknolle
4 Eßl. Öl, 1/2 Dose geschälte Tomaten
1/8 l Weißwein
je 1 Teelöffel Basilikum und Thymian, 1 Lorbeerblatt, Pfeffer, Schale von 1/4 Zitrone, Petersilie

Fleisch waschen, trockentupfen, mit Salz und Paprika würzen, in Mehl wenden. Zwiebeln, Knoblauch, Möhren und Sellerie schälen, fein würfeln. Fleisch auf beiden Seiten in Öl anbraten, herausnehmen. Gemüse ins Öl geben, 5 Minuten dünsten. Tomaten mit Saft und Weißwein zugießen, Fleisch hineinlegen und Gewürze zugeben. Salzen und pfeffern. Zugedeckt im Backrohr bei 180 Grad ca. 70 Minuten schmoren. Fleischscheiben auf dem Gemüse anrichten. Mit in Streifen geschnittener Zitronenschale und gehackter Petersilie bestreuen. Beilage: Rissotto.

Kalbshaxe mit Gemüsen

Haxe salzen und pfeffern. Öl in einem Bratentopf erhitzen. Haxe einlegen und im vorgeheizten Backofen bei 200 Grad 25 Minuten braten. Zwiebel und Möhre würfeln, zugeben, Deckel halb auflegen und gut 1 Stunde weiterbraten. Zweimal wenden, danach herausnehmen. Zuletzt Tomatenmark, Basilikum oder Estragon und eine Tasse Wasser hinzufügen, aufkochen. Mit Speisestärke binden. Soße durchseihen. – Bohnen in Salzwasser kochen, abgießen und mit etwas brauner Butter übergießen. Tomaten oben kreuzweise einschneiden, ölen, mit Salz würzen und grillen. Karotten und Erbsen erhitzen, abgießen, mit etwas frischer Butter, Salz und Zucker abschmecken. Karotten zusätzlich mit feingehacktem Kerbel bestreuen. Kalbshaxe auf einer Platte anrichten und mit den verschiedenen Gemüsen umlegen.

4 Portionen à 690 Kalorien

1 Kalbshaxe (etwa 1,5 kg)
Salz, Pfeffer
2 Eßlöffel Öl
1 Zwiebel, 1 Möhre
1 Eßlöffel Tomatenmark
1 Löffelspitze Basilikum oder Estragon
1 gestrichener Teelöffel Speisestärke
750 g junge grüne Bohnen
2 Eßlöffel Butter
4 Tomaten
1/2 Dose Pariser Karotten
300 g gefrostete grüne Erbsen
1 Teelöffel Zucker
1/2 Bund Kerbel

Tip: *Garnierungsvorschlag für „Kalbshaxe mit Gemüsen": Backen Sie – während die Kalbshaxe brät – Kartoffelnestchen, füllen Sie sie mit Bohnen, Karotten und Erbsen, und umlegen Sie das Fleisch damit.*

Gebratenes Kalbsfrikandeau

Fleisch salzen und pfeffern. Knochen in eine feuerfeste Kasserolle geben und Fleisch darauflegen. Mit Zwiebel-, Karotten-, Sellerie- und Tomatenstücken und Gewürzen umlegen und mit Butter oder Margarineflöckchen bedecken. Gefettetes Pergamentpapier auf den Braten legen, Kasserolle zudecken und bei 225 Grad im vorgeheizten Backofen ca. 1 1/2 Stunden garen. Den Braten unter mehrmaligem Übergießen mit dem Bratensaft noch ca. 1/4 Stunde offen bräunen lassen. Braten herausnehmen und warm stellen. Zum Bratensatz 1/4 l Wasser geben, durchkochen, durchpassieren und mit etwas Speisestärke oder Soßenpulver binden. Die Soße kann mit etwas Estragon oder einem Schuß Sherry verfeinert werden.

4 Portionen à 340 Kalorien

750 g Kalbsfrikandeau (oder anderes Kalbfleisch aus der Keule)
Salz, Pfeffer
250 g Kalbsknochen
1 Zwiebel, 1 Karotte
1 Stück Sellerieknolle
1–2 Tomaten
2 Nelken, 1 Lorbeerblatt
1 Eßlöffel Butter oder Margarine
1 Eßlöffel Speisestärke oder 1 Päckchen Bratensoße

Kalbsnierenbraten ▸

4 Portionen à 280 Kalorien

750 g Kalbsnierenbraten
Salz, Pfeffer
1 Teelöffel Thymian
250 g kleingeschlagene Kalbsknochen
1 Möhre, 1 Zwiebel
1 Lorbeerblatt
1 Teelöffel Pfefferkörner
1/4 l Fleischbrühe (Würfel)
1 Teelöffel Tomatenmark

Fleisch salzen, pfeffern, mit Thymian einreiben. Knochen in einen Bräter geben, mit Möhre, Zwiebel und Gewürzen umlegen, Braten darauflegen. Mit gut gefettetem Pergamentpapier abdecken, Deckel auflegen. Im Backofen bei 220 Grad ca. 1 1/2 Stunden garen. Den Braten herausnehmen. Fleischbrühe und Tomatenmark zu den Knochen gießen, aufkochen und durchseihen. Braten aufschneiden, mit Staudensellerie, Karotten und in Fett gebratenen Kartoffeln reichen.

Kalbsrollbraten mit Kräutern

4 Portionen à 950 Kalorien

750 g Kalbsrollbraten
Salz, Pfeffer
je 1/2 Teelöffel Thymian, Salbei und Basilikum
250 g Kalbsknochen
1 Zwiebel
1 Karotte
2 Eßlöffel Fett
1/2 Eßlöffel Tomatenmark
etwa 1/4 l Wasser

Kalbsbraten salzen und mit den Gewürzen einreiben. Kalbsknochen, Zwiebelviertel und gewürfelte Karotte in einen verschließbaren Topf geben, darauf den Rollbraten legen und mit dem flüssigen Fett übergießen. Das Fleisch mit Alufolie abdecken, Topfdeckel auflegen und in der Röhre bei 250 Grad ca. 1 1/2 Stunden garen (Topf darf keine Kunststoffgriffe haben). Fleisch anrichten. Tomatenmark zu den Knochen geben, mit Wasser aufkochen und durchseihen. Soße zum Fleisch reichen. Beilagen: Kartoffelpüree, diverse Gemüse.

Gefüllte Kalbsbrust „Vert-Pré" ▸

4 Portionen à 580 Kalorien

750 g Kalbsbrust entbeint (mit eingeschnittener „Tasche")
1 Zwiebel, 1 Möhre
1/8 l Weißwein
Für die Füllung:
200 g Bratwurstbrät
1 altbackenes Brötchen
125 g frische Kräuter (Kerbel, Sauerampfer junger Spinat, Schnittlauch, je nach Angebot)
1 Eigelb, Salz, Pfeffer Muskat
2 hartgekochte Eier

Für die Füllung: Bratwurstbrät, in Scheiben geschnittenes Brötchen, feingehackte Kräuter, Eigelb und Gewürze gut miteinander vermischen. In die Kalbsbrust füllen, Eier in die Mitte stecken, zunähen. Außen leicht mit Salz und Pfeffer einreiben. Die Kalbsbrust mit glatter Hautseite nach unten in einen Bratentopf mit Gittereinsatz legen. Im vorgeheizten Backofen bei 200 Grad 30 Minuten braten und gewürfelte Zwiebel und Möhre zugeben. Nach der halben Stunde auf 180 Grad zurückschalten und noch 1 Stunde braten. Kalbsbrust herausnehmen und vor dem Anschneiden kurz ruhen lassen, damit der Braten saftig bleibt. Bratensatz mit Weißwein und Wasser loskochen, durchseihen. Dazu: Kartoffeln und Kohlrabi.

1969
Thüngersheimer Neuberg
Müller-Thurgau

Rindfleisch mit Nieren-Pie

Blätterteig nach Vorschrift auftauen. Rindfleisch quer zur Faser in fingerlange ca. 1/2 cm dicke Scheiben schneiden. Rinderniere entsehnen und in 1 cm dicke Scheiben schneiden. Fleisch mit Salz, Pfeffer, Worcestersoße, gehackten Schalotten oder Zwiebeln, Petersilie und den gewaschenen, in 1 cm dicke Scheiben geschnittenen Champignons vermischen. Eine 4–5 cm hohe, feuerfeste Form (ca. 20 cm ø) ausfetten und Masse hineingeben. Bratensaft nach Vorschrift bereiten und über das Fleisch gießen. Rand der Form mit Eigelb bestreichen, einen 2 cm breiten Teigstreifen darauflegen, andrücken und ebenfalls bepinseln. Eine runde Teigplatte auswellen und so auflegen, daß sie am Teigstreifen festklebt. Mit dem Messer den Rand etwa 1 cm tief einritzen, die Mitte der Teigplatte kreuzweise einschneiden, mit ausgestochenen Blätterteigstücken verzieren oder runde Stücke ausstechen und mit Eigelb bepinseln. Den Pie bei 190 Grad ca. 1 1/4 Stunden backen. Vor allzu starker Bräune durch Abdecken mit Alufolie schützen. Mit Kartoffelpüree und verschiedenen Gemüsebeilagen beliebig garnieren.

4 Portionen à 780 Kalorien

1 Packung tiefgekühlter Blätterteig, ca. 300 g
750 g gut abgehangenes Rindfleisch aus der Keule
1 Rinderniere
Salz, Pfeffer
1/2 Teelöffel Worcestersoße
2–3 Schalotten oder 1 Zwiebel
1 Eßlöffel gehackte Petersilie
250 g frische Champignons
1 Würfel Bratensaft
1 Eigelb

Amerikanische Kalbfleisch-Pastete

Aus Mehl, Backpulver, geschmeidigem Fett, Eigelb, Milch und Salz einen Mürbteig bereiten. 1 Stunde kalt stellen. Füllung: Kalbfleisch mit geschälter Sellerieknolle, mit Nelken und Lorbeerblatt besteckter Zwiebel, Champignonbrühe, 1/2 l Wasser und Fleischbrühwürfel ca. 1 Stunde bei mäßiger Hitze kochen. Fleisch und Sellerieknolle in 1 cm große Würfel schneiden. Brühe durchseihen, mit Sahne, verrührt mit Speisestärke binden, mit Paprika pikant würzen und Fleisch, Sellerie und Champignons hineingeben. Eine Kuchenform mit 2/3 von dem ausgerollten Teig auslegen und Kalbfleischragout mit Eischeiben hineingeben. Aus dem Teigrest einen Deckel auswellen, darauflegen. Pastete im vorgeheizten Backofen bei 180 Grad etwa 1 1/2 Stunden backen. Sollte die Pastete zu braun werden, mit Folie abdecken.

4 Portionen à 700 Kalorien

Für den Teig:
175 g Mehl, 1 gestrichener Teelöffel Backpulver
75 g Butter, 2 Eigelb
1/3 Tasse Milch, Salz
Für die Füllung:
500 g Kalbfleisch
1 Sellerieknolle
1 Zwiebel, 2 Nelken
1 Lorbeerblatt
1/2 Dose Champignons
1 Fleischbrühwürfel für 1/2 l, Paprika
1/4 l saure Sahne
2 gehäufte Teelöffel Speisestärke
3 hartgekochte Eier

Kalbfleisch-Schinken-Pastete

4 Portionen à 860 Kalorien

Für den Teig:
350 g Mehl
Salz, 150 g Schweinefett
1/8 l Wasser
Für die Füllung:
250 g gut abgehangenes Kalbfleisch aus der Keule
125 g gekochter Schinken
1/4 Dose Champignons
1 Zwiebel
1/2 Teelöffel Pastetengewürz
1 Löffelspitze Thymian
Salz, Pfeffer
3 hartgekochte Eier
1/2 Teelöffel Aromat oder Fondor
1/8 l Wasser, 1 Eigelb

Für den Teig: Mehl sieben und mit 1/2 Teelöffel Salz mischen. Schweinefett mit Wasser erhitzen, einmal aufkochen lassen und sofort mit dem Mehl verrühren. Teig kurz durchkneten, evtl. noch 1–2 Eßlöffel Mehl unterkneten. Teig zu länglichem Laib formen, 2/3 für den Boden der Pastete abschneiden. Diesen Teig mit den Händen zu einer Kuchenform (15–20 cm, Randhöhe ca. 5 cm) arbeiten. Den übrigen Teig zu einer Platte mit denselben Größenmaßen auswellen. Kalbfleisch und Schinken in 1 1/2–2 cm große Würfel schneiden, Champignons, gehackte Zwiebel untermischen und mit Pastetengewürz, etwas Thymian, Salz und Pfeffer würzen. Die Hälfte des Fleisches in die Pastete einfüllen, mit Eischeiben belegen, mit dem restlichen Fleisch auffüllen und das mit Aromat oder Fondor erhitzte Wasser daraufgießen. Den Rand der Pastete mit Wasser befeuchten, den Teigdeckel aufdrücken. In der Mitte des Deckels eine 2 cm große Öffnung ausstechen, damit der Dampf abziehen kann. Pastete ringsum mit Eigelb bepinseln und bei 180 Grad etwa 1 1/2 Stunden backen.

Paella

8 Portionen à 610 Kalorien

1 kg Miesmuscheln
1 Hähnchen (1,2 kg)
3 Zwiebeln
1 Knoblauchzehe
2 grüne Paprikaschoten
1/2 Tasse Olivenöl
Salz, Pfeffer
1/2 Dose geschälte Tomaten
3 Tassen Reis
Hühnerbrühe
2 Beutel gemahlener Safran
250 g harte Schweinswurst mit Knoblauch
1/2 Dose grüne Erbsen
1/2 Dose grüne Bohnen
150 g tiefgefrorene Shrimps

Muscheln abbürsten, Bartbüschel abziehen. Mit 1 Tasse Wasser 10 Minuten kochen. Hähnchen in 8 Teile schneiden. Zwiebeln und Knoblauch schälen, fein hacken. Paprikaschoten vierteln, entkernen und in Streifen schneiden. Olivenöl erhitzen, die gewürzten Hähnchenteile darin anbraten. Zwiebeln zugeben, gelb werden lassen. Paprikaschoten und Knoblauch, Tomaten mit dem Saft zugeben und im Backofen bei 200 Grad 30 Minuten schmoren lassen. Reis zum Geflügel geben. Mit Muschelfond und Hühnerbrühe (zusammen 6 Tassen) aufgießen. Safran und in Scheiben geschnittene Wurst zugeben, mit Salz und Pfeffer würzen, 15 Minuten im Ofen garen. Muscheln aus den Schalen nehmen. Erbsen und Bohnen abgießen. Erbsen, Bohnen, Muscheln und aufgetaute Shrimps auf der Paella anrichten, noch 5 Minuten erhitzen.

Französische Kalbfleisch-Pastete

12 Scheiben à 115 Kalorien

Für die Füllung:
250 g fetter frischer Speck
750 g Kalbfleisch
(davon 200 g in 2 cm dicke Streifen schneiden)
2 Schalotten oder
1 Zwiebel, fein hacken
1 Teelöffel Pastetengewürz
3 Likörgläser Weinbrand oder Weinbrand mit Sherry gemischt
2 entrindete Brötchen, in etwas Sahne einweichen, ausdrücken, 2 Eigelb
1 kleine Dose Trüffeln
50 g Pistazien
50 g Gänseleber

Für den Teig:
350 g Mehl
150 g Butter oder Margarine, geschmeidig
2 Eigelb, Salz
5 Eßlöffel kaltes Wasser

Zum Bestreichen:
1 Ei
2 Eßlöffel Kondensmilch

Für das Madeiragelee:
3–4 gehäufte Teelöffel Instant-Fleischbrühe
3–4 gehäufte Teelöffel helle Gelatine
3/8 l Wasser, 1/8 l Madeira

Für die Füllung: Fleischstreifen mit Schalotten, Gewürz und Weinbrand zugedeckt 2 Stunden kalt stellen. Das übrige Fleisch sowie den Speck mit Brötchen und Salz durch den Fleischwolf drehen, mit Eigelb, der Flüssigkeit und den Schalotten (von den Fleischstreifen abgegossen) sowie gehackten Trüffeln und abgezogenen Pistazien vermischen.

Für den Teig: Alle Zutaten gut verkneten. Teig in drei Teile teilen. Zwei Drittel des Teiges zu einer größeren, den Rest zu einer kleineren Platte von ca. ½ cm Dicke ausrollen. Eine gefettete Kastenform (25 cm lang, Boden mit einer Alufolie ausgelegt) mit der größeren Teigplatte auslegen, der Teig soll 2–3 cm ringsum überstehen. Abwechselnd Hackfleisch, Gänseleber und Fleischstreifen füllen. Den überstehenden Teigrand mit befeuchteten Fingern vorsichtig auseinanderziehen, die Pastete damit verschließen, den Teig mit Wasser bepinseln. Die kleinere Teigplatte 2 cm größer als die obere Fläche der Pastete ausschneiden, auf die Pastete legen und die Teigränder mit einem Gabelstiel zwischen Form und Pastete herunterdrücken. Aus der Teigoberfläche 2 runde Öffnungen ausstechen, jeweils einen aus Papier gedrehten „Kamin“ einsetzen. Pastetenoberfläche mit einem Messer fischgrätenartig einritzen und mit Ei, mit Kondensmilch verquirlt, bepinseln. Auf der Unterschiene der vorgeheizten Backröhre Pastete bei 275 Grad 10 Minuten backen, danach ein Blech über die Pastete schieben und bei 200 Grad in 35 Minuten fertigbacken. Mit einer Stricknadel die Garprobe machen: Die Nadel durch den Kamin bis auf den Teigboden stechen, kurz stecken lassen, herausziehen und die Mitte der Nadel auf Wärme prüfen: Ist sie warm, ist die Pastete gar. Sie soll, mit einem Tuch bedeckt, gut auskühlen.

Für das Madeiragelee: Instant-Brühe und Gelatine in einem Topf verrühren: ⅛ l kaltes Wasser zugießen und 5 Minuten quellen lassen. Mit ¼ l heißem Wasser auffüllen, erhitzen und Madeira zugeben. Das heiße Gelee durch eine Filtertüte gießen. Die erkaltete Pastete mit dem kalten, noch nicht gestockten Madeiragelee auffüllen. Erkalten lassen und anschneiden.

Puter-Rollbraten ▸

4 Portionen à 740 Kalorien

1 tiefgekühlter Puter-Rollbraten (ca. 1 kg)
1 Eßlöffel Butter
1 Eßlöffel Öl, 1 Zwiebel
1/4 Sellerieknolle
1 Teelöffel Tomatenmark
1/2 Teelöffel Speisestärke
1/4 Dose Champignons
1 Teelöffel gehackte Kräuter
3 Eßlöffel Weißwein
Salz, Pfeffer

Puter-Rollbraten nach Vorschrift auftauen, nicht würzen, in Fett und Öl ringsum anbraten und bei 200 Grad gut 1 Stunde mit dem grobgewürfelten Gemüse garen. Rollbraten vor dem Aufschneiden 10 Minuten ruhen lassen. Zu dem Bratensatz das Tomatenmark geben, mit ca. 1/4 l Wasser (die Champignonbrühe mitverwenden) auffüllen, durchkochen lassen, passieren und die Soße mit kalt angerührter Speisestärke binden und abschmecken. Champignons in Scheiben schneiden, mit Kräutern und Weißwein erhitzen, salzen und pfeffern und auf den angerichteten Braten geben. Dazu Mandelkroketten reichen.

Mastente mit Grillfrüchten

4 Portionen à 1245 Kalorien

1 Frühmastente
Salz, Pfeffer, Salbei, 2 Eßl. Öl, 2 Zwiebeln, 2 Orangen geschält und in Scheiben geschnitten, 2 Bananen, halbiert, 4 Birnen, geschält
1 Eßl. Zucker, 1 Zitrone
2 Beutel Bratensoße

Ente mit Salz, Pfeffer und Salbei würzen, in Öl anbraten und in der Röhre mit den grob zerteilten Zwiebeln ca. 40 Minuten garen. Die Früchte mit Öl beträufeln, mit Zucker überstreuen, in einer heißen Grillpfanne grillen und mit etwas Zitronensaft beträufeln. Die Ente mit den Grillfrüchten anrichten. Den Bratensatz mit dem angerührten Soßenpulver aufkochen, durchpassieren und getrennt reichen.

Puterbraten im Gemüsekranz ▸

8 Portionen à 970 Kalorien

1 Puter von ca. 3 kg
Salz, Pfeffer
50 g Butter oder Margarine
1 Teelöffel Edelsüß-Paprika
1 Zwiebel, 1 Möhre
Garnitur:
2 grüne Paprikaschoten
1 kleine Dose Maiskörner
Zucker, 1 kleine Dose Pariser Karotten
1 Paket Tiefkühl-Erbsen und -Rosenkohl
1 kleine Dose Pfirsichhälften und Maraschinokirschen

Puter auftauen, salzen, pfeffern und in die Fettpfanne legen. Fett zerlassen, mit Paprika verrühren und den Puter damit übergießen. Zwiebel- und Möhrenwürfel darumlegen, mit Alufolie abdecken und alles ca. 3 Stunden bei 175 Grad garen. In der letzten halben Stunde die Folie entfernen, damit der Puter schön bräunt. Zur Garnitur Paprika halbieren, entkernen und waschen, in wenig Salzwasser 5 Minuten dünsten. Maiskörner mit der Flüssigkeit erhitzen, mit Pfeffer abschmecken. Je 1 Teelöffel Margarine und Zucker schmelzen, Karotten darin erwärmen. Restliches Gemüse erhitzen. Pfirsiche abtropfen, mit Kirschen füllen. Soße aus dem Bratensatz bereiten. Puter auf Platte anrichten und mit Beigaben garnieren.

Truthahnbraten

4 Portionen à 855 Kalorien

1 kg roher Truthahn-Rollbraten oder Truthahn-Oberkeulen (aus der Tiefkühltruhe)
4 Eßlöffel Öl
1 gestrichener Teelöffel milder Paprika
Salz, etwas Rotwein
etwas Fleischbrühe (Würfel)
8 Tomaten
1/2 Dose Maiskörner
1/3 Teelöffel scharfer Paprika, 1/8 l saure Sahne
2 gestrichene Teelöffel Speisestärke
1/2 Dose Feigen in Sirup
1/2 Glas Weißwein

Fleisch nach Vorschrift auftauen. 2 Eßlöffel Öl mit Paprika und Salz verrühren, den Braten damit bestreichen. Das übrige Öl in einer passenden Bratpfanne gut erhitzen, den Braten hineinlegen und rundherum braun anbraten. Dann in den auf 200 Grad vorgeheizten Backofen schieben und etwa 1 3/4 Stunden braten. Nach der halben Bratzeit mit einem Stück Alufolie abdecken und während der ganzen Zeit ab und zu mit dem Bratfett übergießen. Nach 3/4 Stunden den Rotwein dazugießen. Den fertigen Braten aus dem Topf heben, auf ein Tranchierbrett legen, zudecken, 10 Minuten stehen lassen und dann erst in Scheiben schneiden. Inzwischen ganz wenig Fleischbrühe und Rotwein zum Bratensatz gießen und durchkochen. Den Tomaten ein Deckelchen abschneiden und das Innere herauslösen. Mit etwas Wasser in eine Pfanne setzen, 3 Minuten dünsten und dann leicht salzen. Maiskörner und Paprika zusammen erhitzen, Sahne mit Speisestärke verquirlen, dazurühren und aufkochen. Das Maisgemüse in die Tomaten füllen und jetzt noch schnell die Feigen mit Weißwein erhitzen. Alles hübsch anrichten und dabei die Soße durch ein Sieb in die Sauciere gießen. Dazu Pommes frites oder Kartoffelbrei (Fertigprodukt) servieren.

Masthähnchen mit Champignonfüllung

4 Portionen à 680 Kalorien

1 Hähnchen, Salz, Pfeffer
1/4 Dose Champignons
1 Paar rohe Bratwürste
1 altbackenes Brötchen
1 Ei, Zwiebelpulver
Petersilie, 4 Eßlöffel Öl
1 Teelöffel Speisestärke
Streuwürze

Vorbereitetes Hähnchen salzen und pfeffern. Von Champignonscheiben, Bratwurstbrät, eingeweichtem und ausgedrücktem Brötchen, Ei, Zwiebelpulver, gehackter Petersilie, Salz und Pfeffer eine Masse bereiten und in das Hähnchen füllen. Hähnchen zunähen, im Öl anbraten und bei 180 Grad in ca. 1 Stunde im Backrohr garen lassen. Hähnchen herausnehmen, warm halten, Garn entfernen. Bratensatz mit Wasser und der Champignonbrühe ablöschen, mit Speisestärke binden und gut abschmecken. Beilagen: Champignons und knusprig ausgebackene Pommes frites.

Gefüllter Weihnachtsputer

8 Portionen à 900 Kalorien

1 Puter (ca. 3 kg)
Saft von 1 Zitrone
Salz, 5 Scheiben Toastbrot
3 Eier, 250 g Schweinemett
1/2 Teelöffel Zwiebelpulver
1 Teelöffel Salbei
schwarzer gemahlener Pfeffer, 1 Teelöffel Aromat oder Fondor
1 Eßlöffel gehackte Petersilie
2 Eßlöffel Butter oder Margarine
1 Teelöffel milder Paprika
1 Eßlöffel Tomatenmark
1 Teelöffel Speisestärke

Den vorbereiteten Puter mit Zitronensaft beträufeln, mit Salz innen und außen würzen. Toastscheiben in grobe Würfel schneiden, mit den verquirlten Eiern vermischen, Schweinemett, Zwiebelpulver, Salbei, Pfeffer, Aromat oder Fondor, Salz und gehackte Petersilie dazugeben. Masse gut vermischen, Halsöffnung des Puters damit füllen und vernähen. Bleibt etwas Masse übrig, so füllt man sie in die Bauchhöhle. Butter oder Margarine zerlassen, mit Paprika verrühren, den Puter damit ringsum bepinseln. Mit Alufolie bedecken, in der vorgeheizten Backröhre bei 175 Grad ca. 3 Stunden garen. Die letzte halbe Stunde wird die Alufolie entfernt, damit der Puter ringsum bräunt. Puter herausnehmen und Garn entfernen, anrichten. Bratensatz mit Tomatenmark verrühren, mit kalt angerührter Speisestärke binden und durchseihen.

Truthahn in der Kasserolle

4 Portionen à 990 Kalorien

600 bis 800 g tiefgekühlte Truthahnteile
100 g Paniermehl, Pfeffer
Paprika, Selleriesalz
100 g Fett
4 Eßlöffel zerlassene Butter
1/4 Tasse Fleischbrühe
1/4 Tasse Weißwein

Paniermehl mit Pfeffer, Paprika und Selleriesalz gut würzen und die einzelnen Truthahnteile darin wenden. Geflügelteile in reichlich Fett anbraten und nebeneinander in eine Kasserolle legen. Die flüssige Butter darüberträufeln, Fleischbrühe und Weißwein dazugießen und in den auf 200 Grad vorgeheizten Backofen schieben. Den Deckel der Kasserolle nach 45 Minuten Bratzeit abheben und den Truthahn weitere 30 Minuten bei 180 Grad offen braten, bis er knusprig und braun ist. Beilagen: gebackene Kartoffelkugeln, Salatplatte.

Gefüllte Poularde „Carolina"

6 Portionen à 1000 Kalorien

1 Poularde
50 g Schinkenspeck
1 Eßlöffel Butter oder Margarine, 2 Zwiebeln
2 Tassen Langkornreis
1/2 Dose Champignons

Poularde waschen, trockentupfen. Schinkenspeck in Würfel schneiden, im Fett glasig werden lassen, Zwiebelwürfel darin hell anschwitzen. Reis zugeben und mit 1 Tasse Champignonbrühe, 3 Tassen heißem Wasser, Aromat oder Fondor und Salz zugedeckt auf kleiner Flamme 15 Minuten kochen lassen. Unter den Reis geviertelte Champignons sowie Bratwurstbrät und die mit Eiern verrührte Sahne mischen. Die Poularde damit füllen, zunähen und den restlichen Reis in eine feuerfeste, ausgefettete Form geben. Poularde in der auf 190 Grad vorgeheizten Röhre im Fett anbraten und unter öfterem Begießen in ca. 1 Stunde gar werden lassen. Reis in der Backröhre ca. 45 Minuten mitgaren. Poularde anrichten, Garn entfernen und mit dem gestürzten, in Stücke geschnittenen Reis garnieren. Dazu Rahmbratensoße reichen.

3 Tassen heißes Wasser
2 Teelöffel Aromat oder Fondor, Salz
1 Paar rohe Bratwürste
2 Eier, 1/8 l süße Sahne
1 Päckchen Rahmbratensoße

Brathähnchen mit Morchelsoße

Hähnchen waschen, trockentupfen. Innereien herausnehmen und kurz abspülen. Hähnchen innen und außen mit Salz und Pfeffer einreiben. Margarine in einer Bratenform erhitzen, das Hähnchen und die Innereien hineingeben und in dem auf 180 Grad vorgeheizten Backofen ca. 35 Minuten braten. Zwiebeln schälen und würfeln. Speisestärke in die Sahne rühren. Hähnchen aus der Bratenform nehmen, heiß halten. Zwiebelwürfel und Weißwein in den Bratenfond geben, um die Hälfte einkochen lassen. Morcheln zufügen, kurz kochen, Sahne dazugießen und aufkochen. Soße mit Salz und Pfeffer abschmecken. Beilagen: Kartoffelkroketten und viel frischen Salat.

4 Portionen à 455 Kalorien

1 Brathähnchen
Salz, Pfeffer
2 Eßlöffel Margarine
2 Zwiebeln
1 Tasse Weißwein
1 kleine Dose Morcheln
1 Teelöffel Speisestärke
1/4 l süße Sahne

Zitronenhähnchen

Hähnchenkeulen in einer Schüssel mit schwarzem Pfeffer, Öl, Zwiebelringen, Scheiben von 1 und Saft von 2 Zitronen bedecken. Zugedeckt etwa 24 Stunden in den Kühlschrank stellen und während dieser Zeit drei- bis viermal wenden. Vor dem Braten 2 große Bogen Alufolie einfetten und je zwei Hähnchenkeulen darauflegen. Das Fleisch mit Salz bestreuen und fest in die Folie einwickeln. Die Päckchen auf ein Bratenblech legen und bei 200 Grad in den Backofen schieben. Folienpakete nach 40 Minuten öffnen, Keulen mit Paprika bestäuben und mit Butterflöckchen belegen. Hähnchenkeulen nochmals so lange backen, bis sie knusprig und hellbraun sind. Anrichten und dazu Reis oder Speckkartoffeln und Salat servieren.

4 Portionen à 280 Kalorien

4 Hähnchenkeulen
1/4 Teelöffel schwarzer Pfeffer
3 Eßlöffel Pflanzenöl
1 Zwiebel, 3 Zitronen
Salz, etwas scharfer Paprika
Butter oder Margarine

Gefüllte Hähnchenkeulen

4 Portionen à 395 Kalorien

4 Hähnchenkeulen
2 rohe Kalbsbratwürste
1 Eßlöffel gehackte Petersilie, 20 abgezogene Pistazienkerne
1/2 Teelöffel Pastetengewürz, 3 Likörgläser Weinbrand, Salz, Pfeffer
4 Scheiben Räucherspeck
1 Zwiebel, 1 Möhre
1 Eßlöffel Butter oder Margarine
1/8 l Rotwein
1/8 l kräftiger Bratensaft (Würfel)

Knochen vom Fleisch trennen und dabei die Haut nicht verletzen. Bratwurstfarce mit Petersilie, Pistazien, Pastetengewürz, 1 Likörglas Weinbrand, etwas Salz und Pfeffer mischen. Die Hähnchenkeulen damit füllen, an der Öffnung mit einer Speckscheibe bedekken, mit Garn umwickeln, salzen und pfeffern. Zwiebel und Möhre schälen und würfeln. Butter oder Margarine erhitzen, die Hähnchenkeulen darin anbraten. Das Gemüse kurz mitbraten, dann Weinbrand darübergießen, anzünden, verlöschen lassen, Rotwein hinzufügen. Bei 200 Grad im Backofen unbedeckt 25 Minuten braten. Herausnehmen, Garn entfernen, anrichten. Die Soße durchpassieren und mit dem Bratensaft verkochen. Dazu buntgemischten Salat servieren.

Tip: *Anleitung zum Dressieren von Geflügel: Halshaut über den Rücken ziehen, Flügel fest an den Rücken drücken und mit einer Dressiernadel Flügel, Halshaut und zweiten Flügel durchstechen. Eine dünne Schnur nachziehen. Schenkel gegen den Rumpf drücken, mit der Dressiernadel durch den Schenkel, die Bauchhöhle und den zweiten Schenkel stechen. Die beiden Schnurenden zusammenknoten.*

Brathähnchen mit Gemüsen

4 Portionen à 580 Kalorien

2 Hähnchen, 1 Teelöffel fertiges Geflügelgewürz
Salz, 2 Eßlöffel Butter oder Margarine
4 Eßlöffel Öl, 2 Zwiebeln
2 Karotten
2 Teelöffel Tomatenmark
1 Weinglas Weißwein
1 Teelöffel Speisestärke

Die zwei vorbereiteten Hähnchen mit der Gewürzmischung, mit 1/2 Eßlöffel Butter oder Margarine füllen, mit Garn binden und außen salzen. Hähnchen in Fett und Öl anbraten und auf den Keulen liegend bei 200 Grad ca. 35 Minuten in der Röhre garen. Während der Bratzeit Gemüsewürfel zugeben und das Hähnchen mehrmals wenden, die letzten 10 Minuten auf den Rücken legen. Das Hähnchen ist gar, wenn der Fleischsaft aus der Bauchhöhle klar herausläuft. Hähnchen herausnehmen, Garn entfernen, warm halten. Zu dem Gemüse Tomatenmark geben, anrösten, mit Weißwein ablöschen und mit etwas kalt angerührter Speisestärke binden. Soße durchpassieren. Beilagen: Gemüseplatte und geröstete Kartoffeln.

Fasan „Lukullus"

Den vorbereiteten Fasan dressieren, (siehe Tip S. 44) mit dem Cognac, Salz und Pfeffer vermischten Speck innen ausreiben. Brust mit den Speckscheiben umwickeln. Fasan im heißen Fett bei 180 Grad ca. 45 Minuten im Backofen braten. Während des Bratens zunächst mit dem Fett, dann mit eigenem Saft übergießen, 10 Minuten vor Beendigung der Bratzeit das gewürfelte Gemüse und die Gewürze zugeben und mitschmoren. Fertigen Fasan aus der Pfanne nehmen und warm stellen. Mehl leicht mitbräunen lassen. Mit dem Rotwein und der Brühe ablöschen und auffüllen. Die Soße 20 Minuten kochen, durchpassieren und mit der Sahne abschmecken. Speck von der Brust lösen, in feine Streifen schneiden. Weißbrot in 3 cm lange und 1 cm breite Streifen schneiden, in der Butter goldbraun braten. Die Trauben brühen und abziehen, mit den Brotwürfeln und Speckstreifen zusammen über den Fasan geben. In dem zerlassenen Fett Apfel- und Zwiebelscheiben andünsten, das Sauerkraut und die Gewürze dazugeben, mit dem Weißwein auffüllen und zugedeckt gar dünsten. Das Sauerkraut abschmecken. Beilage: Kartoffelpüree.

4 Portionen à 970 Kalorien

1 Fasan
1 Eßlöffel Cognac
Salz, Pfeffer
20 g feingehackter Speck
2 dünne Speckscheiben
2 Eßlöffel Fett
1 Zwiebel, 1 Karotte
1 Stück Sellerieknolle
Wacholderbeeren
Pfefferkörner, Lorbeerblatt
2 Eßlöffel Mehl
1 Tasse Rotwein
etwas ungesalzene Brühe
1/8 l süße Sahne
250 g Weißbrot, 2 Eßlöffel Butter oder Margarine
200 g Trauben
750 g Sauerkraut
2 Eßlöffel Schmalz oder Margarine, 1 Apfel
1 Zwiebel
1/4 l Weißwein, 2 Nelken
1 Lorbeerblatt

Fasan auf „Winzerin-Art"

Fasan innen und außen würzen. Brust mit der Speckscheibe belegen und mit Garn festbinden. In Fett in der Röhre bei 200 Grad ca. 40 Minuten braten, dabei mehrmals mit dem Bratfett und zuletzt mit der mit Paprika verrührten Sahne übergießen. Hals und Magen vom Fasan klein hacken, in Fett anbraten, Zwiebelwürfel, Knoblauch und Thymian zugeben, weiterbraten, mit Mehl bestäuben und dieses leicht anbräunen. Mit Wasser ablöschen und ca. 20 Minuten kochen, zuletzt zum Bratensatz gießen, aufkochen lassen und durchseihen. Die Soße abschmecken und extra geben. Vom Fasan die Speckscheibe lösen, in Streifen schneiden und über den Fasan streuen. Mit Sauerkraut – mit Zwiebeln, Äpfeln und Weißwein gekocht und zuletzt mit kernlosen Weintrauben vermischt – servieren.

4 Portionen à 440 Kalorien

1 junger Fasan (gerupft und ausgenommen)
Salz, Pfeffer
3–4 zerdrückte Wacholderbeeren
1 große, dünne Scheibe frischer fetter Speck
1 Eßlöffel Butter oder Margarine
1/4 l saure Sahne
1/2 Teelöffel milder Paprika
1 Zwiebel
1 Knoblauchzehe
1 Löffelspitze Thymian
1 Eßlöffel Mehl
ca. 3/8 l Wasser

Gefülltes Champignon-Hähnchen

4 Portionen à 620 Kalorien

1 Hähnchen, Salz, Pfeffer
125 g Schweinehack
1 Ei, 2–3 Eßlöffel Kondensmilch
1 Zwiebel, 1 Eßlöffel gehackte Petersilie
1 Eßlöffel abgezogene Pistazien, 1/2 Teelöffel Pastetengewürz
etwas Aromat oder Fondor
1/4 Dose Champignons
4 Speckscheiben
3 Eßlöffel Öl
1 Beutel oder Päckchen Bratensoße

Hähnchen innen und außen salzen und pfeffern. Schweinehack, Ei, Kondensmilch, gehackte Zwiebel, Petersilie, Pistazien, Pastetengewürz, Aromat oder Fondor und die Hälfte der Champignons gut vermischen und in Bauchhöhle und Hals des Hähnchens füllen. Öffnungen vernähen, Hähnchenbrust mit Speckscheiben belegen und mit Garn umbinden. Hähnchen im heißen Öl in der auf 180 Grad vorgeheizten Backröhre ca. 1 1/4 Stunden garen. Dabei mehrmals mit dem Bratenfett übergießen. Hähnchen herausnehmen, Garn entfernen, warm stellen. Bratensatz mit dem nach Vorschrift angerührten Soßenpulver ablöschen, verkochen lassen und die restlichen Champignons zugeben und kurz darin erwärmen.

Gebratener Fasan mit Weintrauben

4 Portionen à 680 Kalorien

1 junger Fasan (gerupft und ausgenommen)
Salz, Pfeffer
2 Eßlöffel Butter oder Margarine
1 Zwiebel, 1 Möhre
1/4 l Fleischbrühe (Würfel)
1/8 l Rotwein
2 gestrichene Teelöffel Speisestärke
125 g blaue und 125 g helle Weintrauben

Vorbereiteten Fasan innen und außen waschen, abtrocknen und innen mit Salz und Pfeffer einreiben. Fasan mit Garn binden und dressieren: Mit einer Dressiernadel nacheinander rechten Schenkel, Leib und linken Schenkel durchstechen. Flügel auf dem Rücken verschränken und Halshaut auf den Rücken schlagen. Jetzt durch den rechten Flügel, Leib und linken Flügel stechen. Enden gut miteinander verknoten. Fasan außen salzen und pfeffern. Butter oder Margarine in einem hohen Topf erhitzen und den Fasan darin gut anbraten. Im offenen Topf in den auf 225 Grad vorgeheizten Backofen stellen und 35 Minuten braten. Dabei ein- bis zweimal umdrehen und nach 15 Minuten Garzeit grobgewürfelte Zwiebel und Möhre dazugeben. Fertigen Fasan herausnehmen, Garn entfernen und warm halten. Fleischbrühe und Wein, mit Speisestärke verquirlen, in den Bratensatz rühren und durchkochen lassen. Soße durch ein Sieb passieren, abschmecken. Weintrauben kurz darin aufkochen. Fasan anrichten, mit der Soße umgießen. Beilagen: Kartoffelpüree und Sauerkraut.

Gebratene Rebhühner mit Äpfeln

Rebhühner rupfen, absengen, ausnehmen. Innen und außen waschen, abtrocknen, salzen und pfeffern. Jedes Rebhuhn mit 1 Stück Butter oder Margarine und einigen Apfelschalen füllen. Rebhühnerbrüste mit Speckscheiben belegen und mit Garn umwickeln. Bratpfanne mit dem restlichen Fett ausstreichen. Zwiebel- und Karottenscheiben sowie zerdrückte Wacholderbeeren zugeben. Rebhühner hineinlegen, in der auf 225 Grad bis 250 Grad vorgeheizten Backröhre ca. 30 Minuten braten, dabei zwei- bis dreimal wenden. Rebhühner herausnehmen, Garn entfernen und Speckstreifen darauflegen. Rebhühner auf in Fett gebratene Toastscheiben geben. Bratensatz mit Hühnerbrühe loskochen, durchseihen und als Soße reichen. Die geschälten, entkernten und in Spalten geschnittenen Äpfel in Butter anbraten und mit echtem Calvados ablöschen und dazu servieren.

4 Portionen à 920 Kalorien

4 junge Rebhühner
Salz, Pfeffer, 2 Eßlöffel Butter oder Margarine
4 Äpfel, 4 Scheiben frischer fetter Speck
1 Zwiebel, 1 Karotte
5–6 Wacholderbeeren
4 Scheiben Toastbrot
1/4 l Hühnerbrühe aus Brühwürfeln
nach Belieben 2 Likörgläser Calvados (Apfelschnaps)

Tip: *Beim Kauf von Rebhühnern sollten Sie auf folgende Qualitätsmerkmale achten: Der Schnabel muß schmutzig-gelb, die Beine gelb, das Brustbein biegsam sein. Dann sind sie zart.*

Fasan mit Sahnesoße

Fasan salzen, pfeffern und innen mit Cognac oder Weinbrand beträufeln. Speckscheiben auf die Brust legen und festbinden. Zwiebel, Möhre und Sellerie putzen und in Stücke schneiden. Butter oder Margarine im Brattopf erhitzen. Fasan hineinlegen und ringsum anbraten. Gemüse und zerdrückte Wacholderbeeren dazugeben und den Bratentopf offen in den auf 200 Grad vorgeheizten Backofen stellen. Nach 35 Minuten die Speckscheiben abnehmen und Fasan noch ca. 10 Minuten braten. Fertigen Fasan herausnehmen, warm stellen. Für die Soße Rotwein zum Gemüse gießen, kurz durchkochen lassen, durchseihen, mit Sahne verrühren und mit Instant-Bratensoße binden. Beilagen: Kartoffelpüree und Sauerkraut.

4 Portionen à 680 Kalorien

1 junger Fasan
Salz, Pfeffer
etwas Cognac oder Weinbrand
2 Scheiben frischer fetter Speck, 1 Zwiebel
1 Möhre, 1/4 Sellerieknolle
2 Eßlöffel Butter oder Margarine, 1 Teelöffel Wacholderbeeren
1/4 l Rotwein
1/4 l süße Sahne, etwas Instant-Bratensoße

Ente mit Pfeffersoße

4 Portionen à 660 Kalorien

1 Mastente (ca. 1,2 kg)
Salz, 2 Teelöffel Senf
grüne Pfefferkörner
1 Teelöffel Weinbrand
4 Pfirsichhälften (Dose)
1 Möhre, 2 Zwiebeln
1 Eßlöffel Öl
1 Eßlöffel Tomatenmark
1 Eßlöffel Mehl
1/8 l Weißwein
3/8 l Fleischbrühe

Ente innen und außen salzen. Senf mit 2 Teelöffel Pfefferkörner und Weinbrand mit Gabel zerdrücken, Ente damit innen ausstreichen. Ente in der Fettpfanne im vorgeheizten Backofen bei 200 Grad ca. 50 Minuten braten. Zuletzt Früchte kurz miterhitzen. Inzwischen Entenhals und Magen kleinschneiden, in Öl braun braten. Gewürfelte Zwiebeln und Möhren zugeben. 3 Minuten durchbraten. Zuletzt Tomatenmark zugeben, mit Mehl bestäuben, verrühren und mit Weißwein ablöschen. Fleischbrühe zugießen. 15 Minuten langsam kochen. Abgetropftes Fett der Ente abgießen, Bratenfond zur Soße geben, passieren und 3 Teelöffel Pfefferkörner hineingeben. Ente mit Pfirsichen garnieren. Als Beilagen: Kartoffelpüree oder Kartoffelkroketten und Chicorée-Möhren-Salat.

Tip: *Enten sollten möglichst nicht älter als ein Jahr sein, wenn ihr Fleisch zart sein soll. Besonders fein schmecken allerdings die ca. 4 Monate alten Mastenten. „Entenzeit" ist von Oktober bis Januar; in der Tiefkühltruhe liegen Enten jederzeit bratbereit. Auf das Verfalldatum achten!*

Ente mit Pfirsichen

4 Portionen à 845 Kalorien

1 Jungmastente
Salz, Pfeffer, 1 Möhre
2 Zwiebeln
1/4 Sellerieknolle
1/8 l Weißwein
1 große Dose Pfirsichhälften, 4 Eßlöffel Zucker
2 Likörgläser Rum
4 Eßlöffel Weinessig
1 gehäufter Teelöffel Speisestärke

Ente innen und außen würzen. In Fettpfanne in Scheiben geschnittene Möhre, Zwiebeln, Sellerie, Weißwein, Hals und Innereien der Ente geben. Gitter auflegen. Ente auf das Gitter geben. Bei 200 Grad 45–60 Minuten garen. Pfirsiche abgießen, Zucker zu Karamel schmelzen, mit 1/8 l Pfirsichsaft, Rum und Weinessig ablöschen. Pfirsiche darin erwärmen. Gebratene Ente heiß stellen. Bratensaft abseihen, entfetten, zu den Pfirsichen geben, aufkochen. Pfirsiche um die Ente legen. Soße mit kalt angerührter Speisestärke binden. Mit Kartoffelpüree oder Kartoffelbällchen und Salat oder grünen Erbsen servieren.

Gefüllte Gans mit Äpfeln und Rosinen

Die vorbereitete Gans mit Salz und Pfeffer einreiben. Die geschälten, geviertelten Äpfel mit Sultaninen, Zitronensaft und Streifen von Zitronenschale und Ingwer vermischen. In die Gans füllen und zunähen. In eine passende Kasserolle 1 cm hoch kochendes Wasser füllen und die Gans darin zugedeckt 15 Minuten in die heiße Backröhre schieben. Danach ohne Deckel bei 190 Grad in ca. 1 1/2 Stunden fertigbraten. Das Fett abgießen, den Bratensatz mit Wasser loskochen. Als Beilage passen Klöße oder Kartoffelpüree und mit Sultaninen gedünstete Äpfel.

6 Portionen à 680 Kalorien

1 junge Gans
Salz, Pfeffer,
500 g säuerliche Äpfel
50 g Sultaninen
Saft von 1/2 Zitrone
nach Belieben eine Prise
Ingwerpulver, 1 Zwiebel

Tip: *Nur junge Wildenten sind schmackhaft. Man erkennt sie am biegsamen Brustbein und an den leicht zerreißbaren Schwimmhäuten. Ältere Tiere sind zäh und haben einen tranigen Geschmack. Beim Kauf unbedingt beachten!*

Gebratene Wildente

Die vorbereitete Ente innen und außen mit Salz und Pfeffer würzen und im 180 Grad heißen Rohr mit Öl anbraten. Nach 15 Minuten Bratzeit das grobgewürfelte Gemüse dazugeben und mitbraten. Soll die Entenbrust noch leicht rosa sein, trennt man sie nach 20 Minuten Bratzeit von den Keulen und läßt den Rest noch 5–10 Minuten nachbraten. Ente aus der Fettpfanne nehmen, dem Gemüse Tomatenmark, Wacholderbeeren, Thymian, Pfefferkörner und Knoblauch zufügen. Alles gut durchrösten und mit der Fleischbrühe auffüllen. Soße mit Speisestärke binden, durch ein feines Sieb passieren und mit einem Schuß Sherry abschmecken. Die Entenbrüste der Länge nach in dünne Scheiben schneiden und die Ente sofort servieren. Chipskartoffeln, Apfelmus, Salat und Zitronenscheiben als Garnitur dazu reichen.

4 Portionen à 380 Kalorien

1 große Wildente
Salz, Pfeffer, Öl
2 Karotten
1/4 Sellerieknolle
1 Zwiebel, 1 Eßlöffel
Tomatenmark
Wacholderbeeren
Thymian, Pfefferkörner
Knoblauch
1 Tasse Fleischbrühe
1 Teelöffel Speisestärke
1 Schuß Sherry

Mastente „Calville"

4 Portionen à 1100 Kalorien

1 Mastente (ca. 1,5 bis 2 kg)
Salz, Pfeffer
4–5 Calville-Äpfel
(Gravensteiner), 1 Orange
1 Zwiebel, 1 Teelöffel
Tomatenmark
3/8 l Brühe
aus Brühwürfeln
1–2 Teelöffel Speisestärke
2 Scheiben Toastbrot
1 Eßlöffel Butter
oder Margarine

Die vorbereitete Ente innen mit Salz und Pfeffer würzen. Äpfel schälen, entkernen, mit etwas abgeriebener Orangenschale vermischen und in die Ente füllen. Ente mit der Brust nach oben auf den Rost legen, mit der Fettpfanne in die Röhre schieben und bei 170 Grad 1 1/2 bis 2 Stunden, ohne zu begießen, braten. Die Ente ist gar, wenn sich die Keulen leicht bewegen lassen. Ente herausnehmen. In der Fettpfanne Zwiebelwürfel anschwitzen, Tomatenmark zugeben, mit Brühe auffüllen. Alles durchkochen lassen, durchpassieren und mit kalt angerührter Speisestärke binden. Die zerteilte Ente auf den mitgegarten Äpfeln anrichten, die Brotwürfel im Fett goldbraun rösten und auf das Geflügel geben. Soße getrennt dazu reichen.

Kaninchenkeulen auf bürgerliche Art

4 Portionen à 320 Kalorien

2 Kaninchenkeulen
Salz, Pfeffer
etwas Mehl
50 g Räucherspeck
2 Zwiebeln, 2 Möhren
1 Weinglas Weißwein
1/2 Bund Petersilie

Kaninchenkeulen salzen, pfeffern und in Mehl wenden. Speck in Streifen schneiden. Zwiebeln und Möhren schälen und Zwiebeln in Streifen, Möhren in Scheiben schneiden. Speck im Schmortopf glasig werden lassen. Kaninchenkeulen 2 bis 3 Minuten darin braten und dabei mit dem Speckfett begießen. Zwiebeln und Möhren zufügen und zugedeckt bei 220 Grad 40 Minuten im vorgeheizten Backofen braten. Kaninchenkeulen mit Gemüsen anrichten. Bratensatz mit Weißwein loskochen und über die Keulen gießen. Mit Petersilie bestreut zu Kartoffelbrei servieren.

Mastente mit Kastanien

4 Portionen à 980 Kalorien

1 Mastente, Salz, Pfeffer
250 g getrocknete,
geschälte Kastanien
1/4 Sellerieknolle
1 Teelöffel Butter
oder Margarine, 1 Zwiebel
1 Päckchen Bratensoße

Die vorbereitete Ente innen und außen mit Salz und Pfeffer einreiben. Die über Nacht eingeweichten Kastanien abgießen. Grobgewürfelte Sellerieknolle im Fett leicht anschwitzen, Kastanien zugeben, mit einer halben Tasse Wasser auffüllen, leicht salzen und zugedeckt ca. 25 Minuten dünsten. Ente mit den Kastanien füllen, die Öffnung vernähen und die Ente ringsum in etwas Fett anbraten. In der auf 180 Grad vorgeheizten Backröhre in ca. 1 1/2 Stunden gar werden lassen. Die grobgewürfelte Zwiebel ca. 1/2 Stunde mitbraten. Fertige Ente herausnehmen, Garn entfernen, warm stellen. Das nach Vorschrift angerührte Soßenpulver zum Bratensatz geben, kochen lassen. Ente mit der Soße servieren. Beilage: Kartoffelklöße.

Junges Perlhuhn nach „Winzerin-Art"

Die vorbereiteten Perlhühner mit Salz, Pfeffer und zerdrückten Wacholderbeeren würzen. Brüste mit Speckscheiben belegen und mit Garn umbinden. Die Hühner in der auf 190 Grad vorgeheizten Backröhre in dem Öl in ca. 40 Minuten braten. Nach der halben Bratzeit Zwiebel- und Karottenwürfel zugeben. Perlhühner während der letzten 10 Minuten ohne Speckscheiben braten, damit die Brüste bräunen können. Speckscheiben in Streifen schneiden, kurz in einer Pfanne rösten, zu den angerichteten, halbierten Perlhühnern geben. Zum Bratensatz Tomatenmark geben, kurz bräunen lassen, Mehl darüberstäuben und nach einigen Minuten mit Brühe ablöschen. Lorbeerblatt beifügen, 10 Minuten kochen lassen und saure Sahne zugeben. Soße durchpassieren und herzhaft mit Pfeffer, Salz und etwas Zitronensaft abschmecken.

4 Portionen à 555 Kalorien

2 Perlhühner
(ersatzweise Fasan)
Salz, Pfeffer
Wacholderbeeren, 2 große dünne Scheiben frischer fetter Speck, 3 Eßlöffel Öl
1 Zwiebel, 1 Karotte
1/2 Eßlöffel Tomatenmark
1 Eßlöffel Mehl
3/8 l Brühe aus Brühwürfeln
1/2 Lorbeerblatt
1/4 l saure Sahne
etwas Zitronensaft

Wildente mit Früchten

Vorbereitete Ente(n) innen und außen mit Salz und Pfeffer einreiben und im auf 170 Grad vorgeheizten Rohr in genügend Öl anbraten. Nach 15 Minuten Bratzeit das in grobe Würfel geschnittene Gemüse und Zwiebel dazugeben und mitbraten. Soll die Entenbrust noch leicht rosa sein, trennt man sie nach 20 Minuten Bratzeit von den Keulen und läßt die restliche Ente noch gut 5 Minuten nachbraten. Ente aus der Pfanne nehmen, dem Gemüse Tomatenmark und die Gewürze zufügen und alles gut durchrösten. Mit Fleischbrühe auffüllen und Speisestärke binden. Soße durch ein Sieb passieren und mit einem Schuß Sherry abschmecken. Brustfleisch der Länge nach in dünne Scheiben schneiden. Ente mit gedünsteten Kompottkirschen und einigen Orangenfilets garnieren.

4 Portionen à 900 Kalorien

1 große oder 2 kleine Wildenten, Salz, Pfeffer
8 Eßlöffel Öl
1 große Karotte
1/4 Sellerieknolle
1 kleine Zwiebel
1 Eßlöffel Tomatenmark
Wacholderbeeren
Thymian, Pfefferkörner
1 Knoblauchzehe
1/2 Tasse Fleischbrühe
1 Teelöffel Speisestärke
1 Schuß Sherry
Kompottkirschen
Orangenfilets

Gebratener Kaninchenrücken mit Johannisbeerkompott

4 Portionen à 390 Kalorien

1 Kaninchenrücken
und 1 Kaninchenleber
Salz, Pfeffer
milder Paprika
1 Eßlöffel Butter
oder Margarine
1/4 l süße Sahne

Kaninchenrücken enthäuten und mit Salz, Pfeffer und etwas mildem Paprika einreiben. Fett in einer Pfanne zerlassen, Kaninchenrücken darin auf der Fleischseite gut anbraten, auf die Knochenseite legen und dann für 30 Minuten in den auf 220 Grad vorgeheizten Backofen geben. In dieser Zeit ab und zu mit dem Bratfett übergießen. Kaninchenleber auch mit Salz, Pfeffer und Paprika würzen und mit der Sahne zum Braten geben. Noch 5 Minuten weiterbraten und dabei mit der Soße übergießen. Dazu Birnen mit Kompott aus roten Johannisbeeren und Rosenkohl servieren.

Tip: *Rehfleisch ist besonders zart und mager, 100 g enthalten 106 Kalorien, genauso viel wie Kalbsfilet. Daher wird Rehrücken bei der Zubereitung auch häufig mit Speckstreifen gespickt, damit es saftiger und aromatischer schmeckt.*

Rehrücken mit Wacholdersoße

4 Portionen à 740 Kalorien

1 kg Rehrücken (gespickt)
Salz, Pfeffer, 2 Zwiebeln
10 Wacholderbeeren
2 Nelken, 1 Knoblauchzehe, 3 Eßlöffel Öl
1/4 l Weißwein
2 Eßlöffel Fett
1/2 Eßlöffel Tomatenmark
2 Eßlöffel Mehl
1/4 l ungesalzene Fleischbrühe
1/3 Tasse süße Sahne

Gespickten Rücken salzen und pfeffern. In eine Kasserolle legen und mit groben Zwiebelwürfeln, den zerdrückten Wacholderbeeren, Nelken, Knoblauch, Öl und Weißwein 3 Stunden marinieren, dabei zweimal wenden. Rehrücken abtrocknen, mit dem Fett im 200 Grad heißen Rohr ca. 30 Minuten braten, aus der Pfanne nehmen und warm stellen. Die abgetropften Zwiebelwürfel in dem Bratensatz anrösten, Tomatenmark und Mehl dazugeben, leicht bräunen lassen und mit Marinade und Brühe auffüllen. Die Soße 20 Minuten gut durchkochen, durch ein Sieb passieren, mit der Sahne verrühren und pikant abschmecken. Beilagen: Glasierte Kastanien, Rosenkohl und Kartoffelpüree oder im Fett ausgebackene Kartoffelbällchen.

Gespickter Rehrücken mit Bohnen und Kartoffelkroketten

Rehrücken enthäuten, mit dem in Streifen geschnittenen Speck spicken, salzen und pfeffern. Fleisch (die gewölbte Seite nach oben) mit Sellerie-, Karotten-, Zwiebelwürfeln und den Gewürzen in die Fettpfanne geben und mit dem zerlassenen Fett begießen. Fleisch in das auf 200 Grad erhitzte Backrohr schieben und unter mehrmaligem Begießen in ca. 40 Minuten braten. Rehrücken aus der Pfanne nehmen und warm stellen. Dem Bratensatz Tomatenmark und Mehl zufügen, anrösten. Brühe, Rotwein, Malaga und die zerdrückten Wacholderbeeren zugeben und alles 20 Minuten durchkochen lassen. In Streifen geschnittene Mandeln in wenig Butter bräunen und unter die durchpassierte Soße mischen. Rehrücken mit der Soße übergießen, mit grünen Bohnen, mit Gelee gefüllten Birnenhälften und Kartoffelkroketten umlegt servieren.

4 Portionen à 770 Kalorien

1 Rehrücken
100 g fetter, geräucherter Speck, Salz, Pfeffer
1 Stück Sellerieknolle
1 Karotte, 1 Zwiebel
1 Lorbeerblatt
Pfefferkörner
1 Knoblauchzehe
2 Eßlöffel Butter oder Margarine
1 Eßlöffel Tomatenmark
2 Eßlöffel Mehl
1/4 l ungesalzene Fleischbrühe
1/4 l Rotwein, 1 Weinglas Malaga, 5 Wacholderbeeren, 2 Eßlöffel geschälte Mandeln

Kasseler im Teig

Mehl in eine Schüssel sieben, mit geschmeidigem Fett und Salz zu Streuseln verarbeiten. Ei und Eiswasser unterkneten. Teig kalt stellen. Kasseler mit gemahlenem schwarzem Pfeffer und zerdrückten Wacholderbeeren einreiben. Auf der Fleischseite in einer Pfanne 5 Minuten anbraten, kalt stellen. Teig zu 2 Platten ausrollen, Kasseler mit Fettseite nach oben darauflegen. Rand mit Wasser bestreichen. 2. Teigplatte darauflegen, andrücken. Mit Ausstecher Teigblättchen ausstechen und Teigmantel verzieren. Bei 225 Grad im vorgeheizten Backofen 30 Minuten backen. Vor dem Anschneiden ruhen lassen. Als Gemüse: Gourgetten, Gurkenscheiben, Tomaten, Maiskolben.

4 Portionen à 930 Kalorien

250 g Mehl
100 g Margarine
1 Prise Salz, 1 Ei
2 Eßlöffel eisgekühltes Wasser
750 g rohes Kasseler ohne Knochen
Pfeffer, Wacholderbeeren

Tip: *Bleiben vom Kasseler Reste übrig, können Sie sie kalt zum Abendbrot mit einer pikanten Fertigsoße, Mixed Pickles und Salat servieren.*

Garnierter Rehrücken

4 Portionen à 670 Kalorien

1 kg Rehrücken
50 g fetter Räucherspeck
Salz, Pfeffer
2 Eßlöffel Butter oder Margarine
1 Zwiebel, 1 Karotte
1/4 l süße Sahne
1/8 l Fleischbrühe aus Brühwürfeln
1/2 Dose Birnen
Johannisbeergelee

Rehrücken enthäuten, mit dünnen Speckstreifen spikken. Salzen, pfeffern und in erhitztem Fett auf der Fleischseite anbraten. Danach auf die Knochenseite legen, grobgewürfelte Zwiebel und Karotte zugeben. In der auf 225 Grad vorgeheizten Backröhre ca. 40 Minuten braten. Dabei mehrmals mit dem Bratensaft begießen. Zum Schluß der Garzeit Sahne und Fleischbrühe darübergießen. Den Rehrücken herausnehmen. Fleisch längs des Knochens loslösen und in schräge, ca. 3 cm dicke Stücke schneiden. Soße durchpassieren und dazu reichen. Das Fleisch mit Birnen, gefüllt mit Johannisbeergelee, garnieren. Als Beilage: Pfifferlinge sowie Rosenkohl und Kartoffelkroketten.

Rehkeule mit Sahnesoße

4 Portionen à 760 Kalorien

ca. 1 kg Rehkeule
3–4 Scheiben fetter Speck
Salz, Pfeffer
3–4 zerdrückte Wacholderbeeren
4 Eßlöffel Öl, 1 Zwiebel
1 Weinglas Rotwein
1/4 l süße Sahne
1 Beutel oder Päckchen Bratensoße

Rehkeule enthäuten, nach Wunsch mit Speckstreifen spicken oder mit Speckscheiben belegen und mit Holzspießchen feststecken, würzen und im Öl ringsum anbraten. In der auf 200 Grad vorgeheizten Backröhre ca. $1^1/_4$ Stunden braten. Nach 15 Minuten Bratzeit grobe Zwiebelwürfel zufügen, nach weiteren 15 Minuten mit Rotwein ablöschen. Kurz vor Ende der Bratzeit Keule mit Sahne begießen, herausnehmen, eventuell Holzspießchen entfernen, Keule etwas ruhen lassen, danach aufschneiden. Bratensatz mit dem nach Vorschrift angerührten Soßenpulver verkochen, durchseihen und zum Fleisch reichen. Außerdem halbe Kompottbirnen, mit Preiselbeeren gefüllt, sowie Spätzle dazu servieren.

Gefüllte Rehschulter

4 Portionen à 415 Kalorien

750 g Rehschulter (ohne Knochen)
Salz, Pfeffer

Rehfleisch auf ein Holzbrett legen und mit Salz und Pfeffer einreiben. Champignons abtropfen lassen, mit der Petersilie mischen und auf dem Fleisch verteilen. Fleisch zusammenrollen, mit Speckscheiben umlegen und mit Garn fest zusammenbinden. Butter oder Margarine im Bratentopf erhitzen. Fleischrolle darin anbraten und in den auf 200 Grad vorgeheizten Backofen stellen. Zwiebel und Möhre schälen, in Würfel schneiden, mit zerpflücktem Lorbeerblatt und zerdrückten Wacholderbeeren mischen. Diese Mischung nach etwa 15 Minuten um das Fleisch herumlegen. Nach ca. 1 Stunde ist der Braten fertig. Rehschulter herausnehmen und auf ein Tranchierbrett legen, Garn entfernen und Bratensatz mit Rotwein und 1 Tasse Wasser loskochen. Speisestärke mit etwas Wasser verquirlen, in die Soße rühren und einmal aufkochen lassen. Soße abschmecken und durch ein Sieb in die Sauciere geben. Braten in dünne Scheiben schneiden und anrichten. Beilagen: Kartoffelpüree und grüner Salat.

1/2 Dose Champignons
1 Eßlöffel gehackte Petersilie
4 Scheiben Räucherspeck
1 Eßlöffel Butter oder Margarine
1 Zwiebel, 1 Möhre
1 Lorbeerblatt
4 Wacholderbeeren
1 Weinglas Rotwein
1 Eßlöffel Speisestärke

Olivenhackbraten

Fleisch mit Ei, Brötchen und Gewürzen gut mischen, auf befeuchteter Tischplatte zu einer Rolle formen, in eine gefettete Kasserolle setzen, mit Oliven bestecken und mit Öl beträufeln. In der auf 190 Grad vorgeheizten Backröhre 35 Minuten garen lassen. Vor dem Servieren die nach Vorschrift auf der Packung bereitete Soße darübergeben.

4 Portionen à 430 Kalorien

350 g Schweine/Kalb-Hackfleisch, 1 Ei
1 Brötchen, in Milch geweicht, je 1/3 Teel. Zwiebelpulver, Paprika Thymian, Salz und Pfeffer Oliven, 2 Eßl. Öl, 1 Päckchen Rahmbraten-Soße

Gerollte Rehschulter mit Pfifferlingen

Abgetropfte Pfifferlinge mit der Petersilie vermischen. Rehfleisch mit Salz und Pfeffer einreiben, mit Pfifferlingen belegen, aufrollen, mit Speckscheiben umlegen und mit Garn umwickeln. Rehschulter im erhitzten Fett ringsum anbraten und im Backofen bei 200 Grad etwa $1^{1}/_{4}$ Stunden braten. Zwiebel und Möhre würfeln und nach $^{1}/_{4}$ Stunde mit Lorbeerblatt und zerdrückten Wacholderbeeren zum Braten geben. Fertige Rehschulter herausnehmen, Garn entfernen und anrichten. Bratensatz mit Rotwein und Wasser loskochen, durch ein Sieb gießen und mit kalt angerührter Speisestärke aufkochen. Beilagen: Nudeln und Salat.

4 Portionen à 395 Kalorien

1 kg Rehschulter (ohne Knochen)
1/2 Dose Pfifferlinge
1 Eßlöffel gehackte Petersilie, Salz, Pfeffer
4 Scheiben Räucherspeck
1 Eßlöffel Butter
1 Zwiebel, 1 Möhre
1 Lorbeerblatt
3 oder 4 Wacholderbeeren
1 Weinglas Rotwein
1 Eßlöffel Speisestärke

Hackbraten-Chartreuse mit Kartoffelpüree

4 Portionen à 580 Kalorien

2 Zwiebeln, 25 g Margarine
4 Möhren
3 Stangen Lauch
1 Teelöffel Aromat oder Fondor
500 g Hackfleisch, 2 Eier
1 altbackenes Brötchen
Salz, je 1 Teelöffel Rosenpaprika und Thymian
Muskat

Zwiebeln würfeln und in der heißen Margarine 5 Minuten dünsten. Möhren schälen, Lauch putzen, beides in Scheiben schneiden und in etwa 1/2 Tasse Wasser mit Aromat oder Fondor 10 Minuten dünsten, danach abgießen. Hackfleisch mit Eiern, dem in Wasser eingeweichten und gut ausgedrückten Brötchen, mit Salz, Rosenpaprika, Thymian und Muskat sowie den gedünsteten Zwiebeln gut mischen. Eine Auflaufform mit hohem Rand mit Lauch- und Möhrenscheiben auslegen. Hackfleischmasse halbieren. Eine Hälfte auf die Gemüsescheiben geben. Hackfleisch mit Gemüsescheiben bedecken, und die zweite Hälfte der Fleischmasse obenauf geben. Hackfleisch bei 200 Grad ca. 45 Minuten garen. Herausnehmen. 10 Minuten stehen lassen und auf eine Platte stürzen. Dazu schmecken lockeres Kartoffelpüree und Bratensoße.

Tip: *Yorkshire-Pudding ist eine in England beliebte pikante Mehlspeise zu Fleischspeisen.*

Roastbeef mit Yorkshire-Pudding

4 Portionen à 1030 Kalorien

1 kg Roastbeef (ohne Knochen)
Salz, Pfeffer
3 Eßlöffel Öl
1 Zwiebel, 1 Möhre
1 Tomate
1 Tasse Wasser
1/2 Teelöffel Speisestärke
Für den Pudding:
125 g Mehl
1 gestrichener Teelöffel Backpulver, 2 Eier
1 Eigelb, 1/4 l Milch
50 g Backfett

Roastbeef salzen und pfeffern. Öl in Pfanne erhitzen, Fleisch mit der Fettseite nach unten einlegen und anbraten. In Backröhre bei 220 Grad weiterbraten und nach 15 Minuten wenden. Backofen auf 200 Grad zurückschalten. Zwiebel- und Möhrenwürfel zugeben und ca. 20 Minuten weiterbraten. Fleisch herausnehmen, 10 Minuten vor dem Anschneiden ruhen lassen. Tomate und Wasser zum Bratensatz geben, verkochen, mit Speisestärke binden. Durchseihen.
Für den Pudding: Mehl und Backpulver sieben. Mit Eiern, Eigelb, Milch, Salz und Pfeffer verquirlen. 10 Minuten ruhen lassen. Auflaufform mit Backfett bei 200 Grad erhitzen. Teig eingießen und 25 Minuten backen. Yorkshire-Pudding mit dem Roastbeef, Soße und beliebigem Gemüse servieren.

◂ Blätterteig-Schinken-Pastete

Den Teig nach Vorschrift messerdick ausrollen, zu einer viereckigen Platte formen und die Mitte dieser Platte möglichst rund mit dem gekochten geschnittenen Schinken und dem ebenfalls geschnittenen Käse abwechselnd belegen, so daß sich der Belag kuppelförmig auftürmt. Ecken des Teigblattes über die Kuppel schlagen, vom restlichen Teig 2 Streifen schneiden und über Kreuz auf die Pastete legen. Pastete mit verquirltem Ei bestreichen und 20–25 Minuten im 180 Grad heißen Rohr backen.

4 Portionen à 620 Kalorien

Für den Teig:
1 Päckchen tiefgefrorenen Blätterteig
Für die Füllung:
250 g Schinken
150 g Schweizer Käse
1 Ei

Schinken in Brotteig

Brotteig ca. 3 cm dick auswellen und den Schinken (wenn mit Schnur gebunden, diese zuvor entfernen) mit der Schwarte nach oben auf den Brotteig legen, ganz in Brotteig einhüllen und mit der Schwartenseite nach unten auf ein Blech setzen. Bei 180 Grad im Rohr ca. 3½ Stunden backen. Den fertigen Schinken aus der Röhre nehmen und vor dem Aufschneiden etwas ruhen lassen. Als Beilage eignet sich eine Salatplatte mit Kartoffel-, Kopf-, rohem Sellerie-, Tomaten- und Spargelsalat. Einige Scheiben herzhaftes Bauernbrot passen ebenfalls dazu.

8 Portionen à 930 Kalorien

2 kg mildgesalzener und leichtgeräucherter Schinken mit Schwarte
ca. 750 g Schwarzbrotteig vom Bäcker

◂ Hackfleisch-Auflauf

Zwiebeln und Paprikaschoten fein würfeln, in Öl gut anbraten. Hackfleisch zugeben, mit Gabel zerteilen und 5 Minuten braten. Salz, Pfeffer, Oregano, Paprika, gewürfelte Gurken und Tomaten mit Saft zugeben und noch 2 Minuten schmoren. Kartoffelpüree mit ½ l Milch und ⅛ l Wasser bereiten, Eigelb schnell unterrühren und mit Muskat abschmecken. Hackfleischragout in feuerfeste Form füllen, mit Kartoffelpüree abdecken. Mit geriebenem Käse und Semmelbröseln bestreuen und Butterflocken daraufsetzen. Im vorgeheizten Backofen bei 200 Grad auf der Mittelschiene 30 Minuten garen. Mit Endiviensalat, mit etwas Knoblauch und einer Löffelspitze Senf angemacht, servieren.

4 Portionen à 1100 Kalorien

750 g gemischtes Hackfleisch, 3 Zwiebeln
2 grüne Paprikaschoten
3 Eßl. Öl, Salz, Pfeffer, 1 Teel. Oregano, 2 Teel. Edelsüß-Paprika, 2 Essiggurken
1/2 Dose geschälte Tomaten, 1 Päckchen Kartoffelpüree, 1/2 l Milch
1/8 l Wasser, 2 Eigelb
Muskat, 50 g geriebener Tilsiter Käse, 1 Teel. Semmelbrösel, 50 g Butter

Gebratener Hasenrücken mit Mandarinen

4 Portionen à 300 Kalorien

1 Hasenrücken (vom Wildhändler enthäuten lassen)
1 gestrichener Teelöffel schwarzer Pfeffer
3 Eßlöffel Weinbrand
1 Eßlöffel Öl
1 Eßlöffel Margarine, Salz
1 Weinglas Weißwein
1 Würfel Bratensaft
1 kleine Dose Mandarinen-Orangen
1 Eßlöffel Butter

Hasenrücken mit Pfeffer einreiben, mit Weinbrand beträufeln, zudecken und 1 bis 2 Stunden stehen lassen. Öl und Margarine im Bratentopf erhitzen, Rükken salzen und auf der Fleischseite gut anbraten. Dann umdrehen und bei 200 Grad in den vorgeheizten Backofen stellen. Hasenrücken etwa 20 Minuten braten und dabei öfter mit dem Bratfett begießen. Weißwein und Bratensaftwürfel zum Bratensatz geben und verkochen lassen. Mandarinen kurz in Butter erhitzen und beim Anrichten auf dem Hasenrücken verteilen. Soße eventuell mit einem Schuß Weinbrand abschmecken. Beilagen: Kartoffelpüree und Rosenkohl.

Roastbeef am Knochen

8 Portionen à 795 Kalorien

2,5 kg Roastbeef
einige Kalbsknochen
Salz, Pfeffer

Das Fleisch salzen, pfeffern, in die Bratpfanne des Backofens legen, dazu die Knochen geben. Ein Fleischthermometer so in die Mitte des Bratens stekken, daß die Spitze genau auf den Knochenwinkel trifft. Im auf 170 Grad vorgewärmten Backofen braten, bis das Thermometer 60 Grad anzeigt. Wie lange das dauert? Pro Pfund etwa 25 Minuten, bei einem 2,5-kg-Fleischstück also ca. 2 Stunden. Fleisch vor dem Aufschneiden mindestens 15 Minuten liegen lassen. Dann zuerst an einem Ende bis auf den Knochen einschneiden. Das Messer dort ansetzen, wo die feineren Knochen das Fleisch umschließen. Haarscharf an den Knochen entlang so weit wie möglich einschneiden. Braten auf die Breitseite legen und von den kräftigeren Knochen, die sich nach außen biegen, vorsichtig abtrennen. Das Fleisch dort lösen, wo es noch am Knochen hängt. Den Braten dann aus dem Knochengerüst heben. Warmes Roastbeef in 1/2 cm dicke Scheiben schneiden, kaltes Roastbeef etwas dünner. Die Fleischscheiben wieder in das Knochengerüst legen und so angerichtet servieren.

Spanischer Hackbraten

Entrindetes Brot in Milch weichen lassen, mit Ei und Schmelzkäse verrühren, Hackfleisch und Olivenscheiben zugeben und pikant würzen. Aus der Masse auf befeuchtetem Brett einen Laib formen, auf ein Stück geölte Alufolie setzen, mit Tomaten- und Zwiebelscheiben belegen und die Folie zu einem Rand formen. Bei 180 Grad ca. 40 Minuten in der Backröhre garen. Beilagen: Kartoffelpüree, Gemüse und Bratensoße oder Käsereis mit Salaten oder Salatplatte.

4 Portionen à 580 Kalorien

500 g gem. Hackfleisch
3 Toastscheiben oder Weißbrot, 1/3 Tasse Milch
1 Ei, 1 Schmelzkäse
einige Oliven
1 Teelöffel milder Paprika
1 Löffelspitze Thymian
Salz, 3 Eßlöffel Öl
2 Tomaten, 1 Zwiebel

Hasenrücken mit Bananen

Rücken enthäuten, mit Speckstreifen spicken, salzen und pfeffern. In einer Kasserolle das Fett zerlassen, gewürfeltes Gemüse mit Wacholderbeeren darin anschwitzen, den Hasenrücken darauflegen und in der auf 225 Grad vorgeheizten Backröhre ca. 30 Minuten braten. Gegen Ende der Bratzeit mit Rotwein ablöschen und mit Sahne übergießen. Rücken herausnehmen, warm stellen. Soße mit angerührter Speisestärke binden. Soße durchpassieren. Die geschälten, halbierten Bananen in Fett braten und den Hasenrücken damit umlegen. Beilagen: Kartoffelpüreeringe mit Pfifferlingen oder Champignons gefüllt.

4 Portionen à 650 Kalorien

1 Hasenrücken
50 g frischer fetter Speck
Salz, Pfeffer
1 Eßlöffel Butter oder Margarine
1 Zwiebel, 1/4 Sellerieknolle
3–4 zerdrückte Wacholderbeeren
1 Karotte
1 Weinglas Rotwein
1/4 l saure Sahne
1–2 Teelöffel Speisestärke
3–4 Bananen

Gebratenes Roastbeef mit Sardellenbutter

Roastbeef mit Salz und Pfeffer einreiben. Öl in einer Pfanne in der Backröhre erhitzen und das Roastbeef darin unter mehrmaligem Übergießen bei 180 Grad ca. 30 Minuten braten. Grobgewürfelte Zwiebel dabei ca. 10 Minuten mitbraten lassen. Roastbeef herausnehmen, 5–10 Minuten vor dem Aufschneiden ruhen lassen. Bratensatz mit etwas Wasser loskochen. Butter mit Sardellenfilets belegen und das aufgeschnittene Roastbeef damit servieren. Als Beilagen Pommes chips, Pommes frites und verschiedene Gemüse oder Salate dazu reichen.

4 Portionen à 520 Kalorien

500 g Roastbeef
Salz, Pfeffer
4 Eßlöffel Öl, 1 Zwiebel
50 g Butter
3–4 Sardellenfilets

Hackbraten

4 Portionen à 560 Kalorien

500 g gemischtes Hackfleisch
2 gehäufte Eßlöffel Hafermark oder feine Haferflocken, 2 Eier
3 Eßlöffel Tomatenketchup
etwas Zwiebel- und Knoblauchpulver
1 Eßlöffel gehackte Petersilie, Salz, Pfeffer
4 Scheiben Räucherspeck
1 Päckchen Bratensoßenpulver

Hackfleisch in einer Schüssel mit Hafermark, Eiern und Tomatenketchup mischen. Fleischfarce mit Zwiebel- und Knoblauchpulver, gehackter Petersilie, Salz und Pfeffer pikant würzen und zu einem runden Laib formen. 2 Speckscheiben in eine feuerfeste Form legen, den Hackbraten daraufsetzen und die anderen 2 Speckscheiben darauflegen. In den auf 190 Grad vorgeheizten Backofen schieben und 1 Stunde garen. Hackbraten herausnehmen, in Scheiben schneiden und anrichten. Bratensoßenpulver mit der angegebenen Flüssigkeitsmenge verrühren und zu dem Bratensatz geben und einmal aufkochen. Beilage: Rotweinkraut.

Hackfleischkasserolle mit Mais

4 Portionen à 820 Kalorien

4 Zwiebeln
8 Scheiben Speck
4 Eßlöffel Öl
500 g Hackfleisch
4 grüne Paprikaschoten
etwas Thymian
Salz, Pfeffer
1 Dose geschälte Tomaten
2 Beutel geriebener Käse
2 Teelöffel milder Paprika
1 Tasse feiner Maisgrieß
3 Tassen Wasser
2 Teelöffel Butter oder Margarine

Die feingewürfelten Zwiebeln in dem gewürfelten und in Öl angebratenem Speck gelb werden lassen. Fleisch und die in Streifen geschnittenen Paprikaschoten darin anbraten, würzen und die Tomaten dazugeben. Alles zusammen zugedeckt 15 Minuten schmoren lassen und zuletzt Käse und Paprika untermischen. Maisgrieß mit kaltem Wasser aufsetzen, leicht salzen, zum Kochen bringen und unter Rühren noch einige Minuten kochen lassen, bis der Mais gut gequollen ist. Zuletzt das Fett unter den Mais mischen. Das Hackfleischragout in eine feuerfeste Form geben, darüber den Maisbrei verteilen und in der Röhre bei 180 Grad 30 Minuten backen.

Französischer Rotweinbraten

4 Portionen à 905 Kalorien

1 kg gespickter Rinderbraten
Salz, Pfeffer, Muskat
1/2 l französischer Rotwein
4–5 Eßlöffel Weinessig
1 Likörglas Weinbrand oder Cognac
1 zerdrückte Knoblauchzehe

Fleisch mit Salz, Pfeffer und Muskat einreiben. In eine Schüssel legen. Dazu Rotwein, Weinessig, Weinbrand oder Cognac, Knoblauch, Thymian und Lorbeerblatt geben. Fleisch zudecken, für 1–2 Tage in den Kühlschrank stellen und ab und zu mal umdrehen. Fleisch abtrocknen und Fett im Bratentopf erhitzen. Fleisch darin braun braten. Tomatenmark zufügen, kurz mitrösten und dann die Marinade dazugießen. Bratentopf zudecken und bei 200 Grad in den Backofen stellen. Möhren, Zwiebeln und Sellerie schälen. Die Möhren in 1 cm dicke Scheiben und Zwiebeln und Sellerie in 2 cm große Würfel schneiden. Gemüse in den Bratentopf geben und das Fleisch etwa 1 1/2 bis 2 Stunden braten. Garprobe: Stechen Sie mit einer Gabel in den Braten und heben Sie ihn an, fällt er von der Gabel, ist er fertig. Braten anrichten. Soße mit Aromat oder Fondor abschmecken und durch das Sieb in die Sauciere gießen. Wer mag, würzt sie mit einem Spritzer Weinbrand oder einem Schuß Rotwein. Beilagen: Semmelklöße und Salat.

1/2 gestrichener Teelöffel Thymian
1/2 Lorbeerblatt
2 Eßlöffel Bratfett
1 kleine Dose Tomatenmark
500 g Möhren
500 g kleine Zwiebeln
1 mittelgroße Sellerieknolle, 1 gestrichener Teelöffel Aromat oder Fondor

Gebratener Rinderrücken

Rinderrücken mit Salz und Pfeffer gut einreiben. Öl in einer Pfanne im auf 190 Grad vorgeheizten Backofen erhitzen. Rinderrücken hineinlegen und auf der Fettseite ca. 10 Minuten anbraten. Den Rinderrücken anschließend mit der Fettseite nach oben in ca. 1 1/4 Stunden garen, nach der Hälfte der Bratzeit grobgewürfelte Zwiebeln, Karotte und Tomaten zugeben. Rinderrücken herausnehmen, 10 Minuten ruhen lassen. Fleisch von den Knochen schneiden, in ca. 1 cm dicke Scheiben schneiden und auf den Knochen gelegt anrichten. Bratensatz mit 1/4–3/8 l Wasser aufkochen, durchseihen, nach Belieben mit 1 Teelöffel kalt angerührter Speisestärke binden und als Soße extra reichen. Dazu geriebenen Meerrettich servieren.

8 Portionen à 730 Kalorien

ca. 2–2 1/2 kg Rinderrücken (mit Knochen, mit oder ohne Lende)
Salz, Pfeffer
4 Eßlöffel Öl, 2 Zwiebeln
1 Karotte, 2–3 Tomaten
geriebener Meerrettich

Überbackene Schinkenrollen

Schinkenscheiben auf ein Holzbrett legen, Spargelstücke darauf verteilen und hineinrollen. Die Schinkenrollen in eine flache Auflaufform legen und mit Pfeffer und geriebener Muskatnuß überstreuen. Eier und Sahne miteinander verquirlen und darübergießen. Den geriebenen Käse gleich über die Schinkenrollen verteilen. Das Gericht mit Butter- oder Margarineflöckchen belegen und auf der mittleren Schiene in den vorgeheizten Backofen geben. Bei 180 Grad 25 Minuten überbacken. Sofort servieren.

4 Portionen à 440 Kalorien

8 Scheiben roher Schinken
1 Dose Brechspargel (1 kg)
weißer gemahlener Pfeffer
etwas geriebene Muskatnuß, 4 Eier
1/4 l saure Sahne
50 g geriebener Emmentaler Käse
1 Eßlöffel Butter oder Margarine

Elsässische Fleischtorte

6 Portionen à 495 Kalorien

300 g Schweinekeule
200 g Kalbskeule
1 Zwiebel, 1 Bund Kerbel oder Petersilie
1 schwach gehäufter Teelöffel Pastetengewürz
etwas Muskat, Pfeffer
5 Eßlöffel Weinbrand
Salz, 1 Päckchen tiefgekühlter Blätterteig
3 Eier, 1/8 l saure Sahne

Fleisch entsehnen und in 1 cm große Würfel schneiden. Zwiebel schälen, Kräuter waschen und beides fein hacken. Mit Gewürzen und Weinbrand ohne Salz unter das Fleisch mischen und über Nacht marinieren. Teig zu zwei runden Platten ausrollen, eine Platte auf mit Wasser benetztes Backblech legen und die jetzt gesalzene Fleischmasse in die Mitte setzen. Teigrand mit Wasser bestreichen. Teigdeckel auflegen und ringsum gut andrücken. 1 Eigelb verquirlen und damit die Pastete zweimal bepinseln. Fingerhutgroßes Loch in die Mitte schneiden, damit der entstehende Dampf entweichen kann. Im vorgeheizten Backrohr bei 220 Grad 25 Minuten backen. 2 Eier mit Sahne und Pfeffer verrühren und nach der Backzeit in die Pastete gießen. Nochmal 25 Minuten bei 180 Grad backen.

Schinken-Rollbraten

4 Portionen à 490 Kalorien

6 Scheiben roher Schinken
200 g gemischtes Hackfleisch, 1 Brötchen
1 Ei, Pfeffer
etwas Aromat oder Fondor
1 Paar Wiener Würstchen
4 Eßlöffel Öl

Schinkenscheiben nebeneinander auf die Tischplatte legen. Das Hackfleisch mit eingeweichtem, gut ausgedrücktem Brötchen, Ei, Pfeffer und wenig Aromat oder Fondor gut vermischen und auf die Schinkenscheiben streichen. Darauf die Wiener Würstchen legen, alles zusammenrollen, mit einer Schnur umwickeln und in einer Kasserolle bei 180 Grad in Öl ca. 25 Minuten unter mehrmaligem Begießen mit dem Bratenfond braten. Dazu eine Salatplatte reichen. Fertigen Braten herausnehmen und Garn entfernen.

Pikantes Fleischragout

4 Portionen à 515 Kalorien

150 g Rinderbug
150 g Schweineschulter
150 g Kalbsschulter
3 Zwiebeln, 2 Eßl. Butter
1 gehäufter Teelöffel Paprika, Salz, Pfeffer

Fleisch in 3 cm lange und 1/2 cm dicke Streifen schneiden. Zwiebeln schälen und fein hacken. Butter oder Margarine erhitzen, Fleisch darin gut braun braten, die gehackten Zwiebeln zugeben und 2–3 Minuten mitbraten. Paprika, Salz, Pfeffer und Tomatenmark zugeben, daruntermischen und kurz dünsten lassen. Das angebratene Fleisch im Topf abkühlen lassen.

Rotwein, Wasser, Aromat oder Fondor und Lorbeerblatt zum Fleisch geben. Zugedeckten Topf in den auf 180 Grad vorgeheizten Backofen stellen. Ca. 1 1/2 bis 2 Stunden garen lassen. Zum Schluß Soßenpulver mit saurer Sahne verquirlen und zum Ragout rühren, noch mal aufkochen lassen. Zuletzt die Perlzwiebeln, in Scheiben geschnittene Cornichons und abgetropfte Pfifferlinge in das Ragout geben. Dazu Teigwaren und eine Schüssel grünen Salat servieren.

1 Eßlöffel Tomatenmark
1/4 l Rotwein, 1/8 l Wasser
1 gestrichener Teelöffel Aromat oder Fondor
1 Lorbeerblatt
1/2 Paket Bratensoßenpulver, 1/8 l saure Sahne
Perlzwiebeln
Cornichons
1/2 Dose Pfifferlinge

Kasseler Braten

Kasseler mit Nelkenpulver, Thymian und Zucker einreiben und in dem Öl in der auf 180 Grad erhitzten Röhre ca. 30 Minuten braten. Den halbierten, ausgestochenen Apfel ebenfalls mit etwas Zucker bestreuen und ca. 15 Minuten mitbraten lassen, ebenso die in Scheiben geschnittene Zwiebel. Das Kasseler aufschneiden, die mit Johannisbeergelee gefüllten Äpfel und die Zwiebelscheiben drumherumlegen. Bratensatz mit angerührtem Bratensaft verkochen und mit Kartoffelpüree oder Salzkartoffeln und grünem Salat zum Kasseler Braten servieren.

4 Portionen à 850 Kalorien

350 g Kasseler, gerollt, ohne Knochen
etwas Nelkenpulver und Thymian
1 Teelöffel Zucker
3 Eßlöffel Öl, 1 Apfel
1 Zwiebel
etwas Johannisbeergelee
1 Würfel Bratensaft

Hasenschlegel „St. Hubertus"

Hasenschlegel enthäuten, salzen und pfeffern. Mit Speckscheiben umwickeln und mit Garn binden. Fleisch in heißem Öl ringsum braun anbraten. Gewürfelte Zwiebel, Lorbeerblatt und Wacholderbeeren zugeben und im vorgeheizten Backofen bei 190 Grad ca. 1 Stunde braten. Bratensatz mit Rotwein ablöschen. Hasenschlegel herausnehmen, Garn entfernen, warm stellen. Bratensatz zuletzt mit Sahne, mit Mehl verquirlt, aufkochen und durchpassieren. Maronenpüree erwärmen. Äpfel schälen, halbieren, entkernen, mit Zucker bestreuen und unter dem Grill weich werden lassen. Mit Maronenpüree füllen und mit Trauben garnieren. Hasenschlegel mit gefüllten Äpfeln garniert anrichten. Beilagen: Kartoffelbällchen mit Haselnüssen, Rosenkohl oder Rotkohl.

4 Portionen à 735 Kalorien

2 Hasenschlegel
Salz, Pfeffer
2 Scheiben Frühstücksspeck, 2 Eßlöffel Öl
1 Zwiebel, 1 Lorbeerblatt
5 Wacholderbeeren
1/8 l Rotwein
1/8 l süße Sahne
1 Teelöffel Mehl
1 Dose (250 g) Maronenpüree, 2 Äpfel
1 Teelöffel Zucker
einige Weintrauben

Käsewürstchen

4 Portionen à 390 Kalorien

3 Paar Wiener Würstchen
3 Käsescheiben
6 dünne Scheiben durchwachsener Räucherspeck
etwa 2 Teelöffel Senf

Würstchen mit einem spitzen Messer der Länge nach etwa 1 cm tief einschneiden. Käse in passende Streifen schneiden und in die Spalten stecken. Jedes Würstchen mit einer Speckscheibe umwickeln und die Enden mit Holzspießchen befestigen. Auf das Drahtgitter des Backofens legen und über der Bratenpfanne in den vorgeheizten Backofen schieben. Bei 200 Grad backen, bis der Käse leicht schmilzt und die Speckscheiben knusprig sind. Kurz vor dem Essen mit Senf bestreichen oder Senfsoße darübergeben. Dazu Mixed Pickles, Kartoffelsalat oder Brot servieren.

Paprikasteaks

4 Portionen à 250 Kalorien

4 Scheiben Rindersteak aus der Keule, Salz, Pfeffer
etwas Mehl, 2 Zwiebeln
1 Eßlöffel Margarine oder Öl, 1 Knoblauchzehe
1 Eßlöffel Edelsüß-Paprika
3 grüne Paprikaschoten
1/2 Dose geschälte Tomaten, Kümmel
Majoran

Steaks mit Salz und Pfeffer einreiben und in Mehl wenden. Margarine in einer flachen Pfanne stark erhitzen, die Steaks und feingehackte Zwiebeln darin anbraten, herausnehmen und in einen feuerfesten Keramiktopf legen. Knoblauch schälen, zerreiben und mit Paprika hinzufügen. Paprikaschoten waschen, entkernen und in Streifen schneiden. Paprika, Tomaten, Kümmel und Majoran zugeben. Topf verschließen und in den auf 225 Grad vorgeheizten Backofen 60–70 Minuten garen. Vor dem Servieren Gemüse nach Wunsch mit etwas Sahne verfeinern.

Hammelkeule „Bäckerin-Art"

4 Portionen à 900 Kalorien

1 kg Hammelkeule
Salz, Pfeffer
2 Knoblauchzehen
1 Eßlöffel Butter oder Margarine
1 kg Kartoffeln
3 Zwiebeln, etwas Muskat
2 Teelöffel Thymian
2 Lorbeerblätter

Fleisch salzen, pfeffern und mit in Stifte geschnittenem Knoblauch bestecken. Fett in feuerfester Schüssel im Backofen bei 220 Grad erhitzen, Fleisch darin ringsum bräunen und dann 30 Minuten braten. Kartoffeln und Zwiebeln schälen und in 1/2 cm dicke Scheiben schneiden. Hammelkeule aus der Form nehmen. Jetzt Kartoffeln und Zwiebeln lagenweise in die Form schichten und mit Salz, Pfeffer, Muskat, Thymian und Lorbeerblättern würzen. Darüber 1 Tasse kochendes Wasser gießen und das angebratene Fleisch darauflegen. Alles bei 200 Grad noch ca. 50 Minuten garen. In der Form servieren und dazu kräftigen Rotwein reichen.

Französisches Hammelragout

Hammelschulter und -nacken in 3 cm große Stücke schneiden. Von allen Seiten anbraten. Salzen, pfeffern und mit Puderzucker bestreuen, zerdrückte Knoblauchzehen hinzufügen und kurz weiterbraten. Mehl darüberstreuen und verrühren, Tomatenmark und Fleischbrühe dazugeben und das Fleisch im geschlossenen Topf im vorgeheizten Backofen bei 225 Grad 30 Minuten garen. Inzwischen Zwiebeln, weiße Rüben und Kartoffeln schälen und in Stücke schneiden. Zum Fleisch geben und alles 1 Stunde weitergaren lassen. Erbsen kurz vor Schluß der Garzeit hinzufügen.

4 Portionen à 550 Kalorien

500 g Hammelschulter und -nacken
Salz, Pfeffer, 1/2 Teel. Puderzucker, 2 Knoblauchzehen, 1 Eßl. Mehl
4 Eßlöffel Tomatenmark
1/2 l Fleischbrühe (Würfel)
2 Zwiebeln, 2 weiße Rüben
750 g Kartoffeln
1 Tasse grüne Erbsen

Lasagne al Forno

Teigplatten 7 Minuten kochen, abschrecken, abtropfen lassen. Speckwürfel ausbraten, 2/3 Zwiebelwürfel darin gelb dünsten und Hackfleisch braun braten. Gewürze zugeben. Abgezogene, halbierte, entkernte Tomaten, Tomatenmark und Wein zum Fleisch geben und 5 Minuten schmoren. Restliche Zwiebelwürfel in Butter gelb dünsten, die Champignonscheiben zugeben und 3 Minuten weiterdünsten. Mehl überstäuben. Sahne beifügen, salzen und pfeffern, 3 Minuten kochen. Kräuter untermischen. Feuerfeste, gefettete Form mit Teigplatten auslegen. Hackfleisch daraufgeben, mit der Hälfte Käse bestreuen. Mit Teig abdecken, darauf Champignons streichen. Übrigen Käse darübergeben, im Backofen bei 180 Grad 35 Minuten backen.

4 Portionen à 850 Kalorien

250 g Nudelteigplatten
50 g Räucherspeck
3 Zwiebeln, 375 g gem. Hackfleisch, Salz, Pfeffer je 1 Teel. Thymian und Basilikum, 500 g Tomaten
1 Dose Tomatenmark
1/8 l Weißwein, 1 Eßl. Butter, 125 g Champignons, 2 Teel. Mehl
1/8 l süße Sahne
1 Bund gehackte Petersilie
75 g geriebener Käse

Cassoulet

Geweichte Bohnen mit Lorbeerblatt, Petersilie, Thymian kochen. Zwiebeln, Knoblauch und Möhren schälen und in Streifen, Bratwürste in Scheiben, Schweineschulter in 3 cm große Würfel schneiden. Wurst anbraten, Zwiebeln und Knoblauch zufügen und goldgelb werden lassen. Gemüse zugeben und alles etwa 1 Stunde schmoren. Mit abgetropften Bohnen in eine feuerfeste Schüssel schichten. Mit Bröseln bestreut bei 220 Grad 40 Min. überbacken.

4 Portionen à 1160 Kalorien

500 g weiße Bohnen
1 Lorbeerblatt, Petersilie, 1 Zweig Thymian
3 Zwiebeln, 2 Knoblauchzehen, 2 Möhren
2 Paar Bratwürste, 500 g Schweineschulter, 2 Eßl. Schweinefett, 1/1 Dose geschälte Tomaten, Brösel

Ragoût-fin-Kasserolle

4 Portionen à 410 Kalorien

1 Paket Kartoffelpüree-flocken, 1/2 l Wasser
Salz, 1/4 l Milch
2 Eßlöffel Butter oder Margarine
1/2 Paket Tiefkühl-Erbsen
1 Prise Zucker
250 g gekochtes Geflügel- oder Kalbfleisch
1/4 Dose Sauce Hollandaise
1 Eßlöffel geriebener Käse

Aus Kartoffelpüreeflocken, heißem Wasser, Salz, kalter Milch und 1/2 Eßlöffel Butter oder Margarine Kartoffelpüree nach Vorschrift bereiten. Püree in eine feuerfeste Form geben. Erbsen in 2–3 Eßlöffel Wasser mit etwas Butter und je 1 Prise Zucker und Salz dünsten, über das Kartoffelpüree geben und darauf das gewürfelte Geflügel- oder Kalbfleisch legen. Sauce Hollandaise ins warme Wasserbad stellen und so lange rühren, bis die Soße dickflüssig wird. Soße über das Geflügel oder Kalbfleisch geben, mit Käse bestreuen und alles in der Röhre bei Oberhitze ca. 10–15 Minuten goldbraun überbacken.

Hähnchenpastete

12 Scheiben à 480 Kalorien

Für die Füllung:
1 Hähnchen, Suppenkräuter
250 g Kalb- und 250 g Schweinefleisch
200 g fetter ungeräucherter Speck
1 Teelöffel Pastetengewürz
Salz, Aromat oder Fondor
1 Eßlöffel gehackte Zwiebeln
1 Likörglas Weinbrand
1 Likörglas Madeira
1 Eßlöffel geschälte Pistazien
Für den Teig:
350 g Mehl, 2 Eigelb
150 g Butter oder Margarine
5–6 Eßlöffel Wasser, Salz
Für das Madeira-Gelee:
1/4 l klare Geflügelbrühe
1/8 l Madeira
7 Blatt weiße Gelatine, Salz

Beide Brusthälften des Hähnchens ohne Haut ablösen. Übriges Hähnchen in leicht gesalzenem Wasser mit den Suppenkräutern in ca. 3/4 Stunden gar ziehen lassen. Kalb- und Schweinefleisch und Speck in Streifen schneiden und mit Pastetengewürz, Salz, Aromat oder Fondor, Zwiebeln, Weinbrand und Madeira 2 Stunden marinieren. Kalt stellen. Brustfleisch des Hähnchens extra marinieren. Das gebeizte Kalb- und Schweinefleisch zusammen mit dem gekochten und von den Knochen gelösten Geflügelfleisch zweimal durch den Fleischwolf drehen. Masse gut durchkneten und noch einmal mit Salz und Pastetengewürz und Weinbrand abschmecken. Pistazien ganz zufügen. Für den Pastetenteig: Aus den Teigzutaten einen Mürbeteig bereiten und gut eine Stunde kühl stellen. Für das Gelee: Klare Geflügelbrühe mit dem Madeira erhitzen, die in kaltem Wasser eingeweichte und gut ausgedrückte Gelatine in dem Sud auflösen, mit Salz würzen und erkalten lassen.

Teig ca. 1/2 cm dick ausrollen, Kastenform von 25 cm damit auskleiden. Aus dem Teigrest eine passende Decke in Kastenformgröße ausschneiden. In die Form die Hälfte der Farce füllen, darauf der Länge nach die beiden Brusthälften des Hähnchens legen. Mit restlicher Fleischfarce bedecken. Teigrand nach innen einschlagen, Teigdecke auflegen, an den Seiten herun-

terdrücken und mit Eigelb bestreichen. Mit einem runden Ausstecher zwei Öffnungen in die Decke machen, in diese zwei Papierröllchen als Kamine setzen. Teigdecke mit ausgestochenen Teigresten garnieren und mit Eigelb bestreichen.
Die Pastete wird auf die unterste Schiene in die vorgeheizte Backröhre geschoben und 10 Minuten bei 280 Grad gebacken, dann ein Backblech über die Pastete schieben und in weiteren 30–35 Minuten bei 200 Grad fertigbacken. Mit einer Stricknadel die Garprobe machen: Nadel in die Pastete stechen. Zwei Minuten stecken lassen. Wenn die Nadel in der Mitte heiß ist, ist die Pastete durchgebacken. 20 Minuten abkühlen lassen, die Kamine herausnehmen. Mit einem Tuch abgedeckt über Nacht auskühlen lassen.
Kurz bevor das Gelee stockt, gießt man es durch die beiden Öffnungen in der Pastetendecke. Dadurch werden die bei der Abkühlung entstandenen inneren Hohlräume gefüllt. Vor dem Servieren wieder einige Stunden abkühlen lassen. Die Pastete in Scheiben schneiden und auf einer Platte oder auf Portionstellern servieren. Dazu: Cumberlandsoße.

Hackbraten mit Äpfeln und Rotkraut

Hackfleisch mit den eingeweichten, ausgedrückten Brötchen, Eiern, Tomatenmark, Salz, Pfeffer, Zwiebelpulver und gehackter Petersilie vermengen. Auf einem befeuchteten Brett zu einem Laib formen. Speckscheiben in einer Kasserolle ausbraten, herausnehmen, den Hackbraten hineinsetzen, mit den Speckscheiben belegen und in der Röhre ca. 30 Minuten bei 200 Grad braten. Hackbraten aus der Kasserolle nehmen und mit dem Speck warm stellen. Äpfel in Spalten schneiden, im Bratenfett weichdünsten und über den Hackbraten geben. Bratensoße nach Vorschrift bereiten. In Öl Zwiebelscheiben anschwitzen, Rotkraut, Wein, Essig, Brühe, Nelken, Lorbeerblatt, Salz und Zucker zugeben und zugedeckt ca. 30 Minuten dünsten. Zuletzt das Rotkraut mit der kalt angerührten Speisestärke binden.

4 Portionen à 1030 Kalorien

400 g gemischtes Hackfleisch, 2 Brötchen
2 Eier
2 Teelöffel Tomatenmark
Salz, Pfeffer
Zwiebelpulver, Petersilie
8 Speckscheiben, 4 Äpfel
2 Beutel Bratensoße
6 Eßlöffel Öl, 2 Zwiebeln
2 Dosen Rotkraut
2 Weingläser Rot- oder Weißwein, 2 Eßlöffel Essig
1/2 l Brühe aus Brühwürfel
2 Nelken, 1 Lorbeerblatt
2 Teelöffel Zucker
2–4 Teelöffel Speisestärke

Bratwurst in Blätterteig ▸

4 Portionen à 700 Kalorien

2 Paar Bratwürste
1 Paket tiefgefrorener Blätterteig, 1 Eigelb

Würste mehrmals mit einer Gabel einstechen. Den nach Vorschrift aufgetauten Blätterteig zu einem Rechteck ca. 1/3 cm dick ausrollen, in 4 Teile schneiden und die Ränder mit Wasser befeuchten. Die Würste in die Teigplatten einrollen, die Ränder fest andrücken und die obere Seite mit dem Eigelb bepinseln. In eine feuerfeste Form setzen und unbedeckt bei 220 Grad ca. 25 Minuten im Backrohr garen. Mit Kartoffelsalat und Kopfsalat servieren.

Serbisches Reisfleisch ▸▸

4 Portionen à 550 Kalorien

500 g Schweineschulter
3 Zwiebeln, 1 Knoblauchzehe, 3 Eßlöffel Öl
Salz, Pfeffer
2 gehäufte Teelöffel Edelsüß-Paprika
2 grüne oder rote Paprikaschoten
1 Stange Porree
2 Tassen Reis
2 Eßlöffel Tomatenmark
4 Tassen Fleischbrühe (Würfel)

Das Fleisch in 3 cm große Würfel schneiden. Zwiebeln und Knoblauch schälen und hacken. Fleisch, Zwiebeln und Knoblauch in 1 Eßlöffel heißem Öl 5 Minuten braten, salzen, pfeffern und mit Paprika verrühren. Inzwischen Paprikaschoten vierteln, entkernen, waschen und in Streifen schneiden. Porree putzen und in Ringe schneiden. Das Gemüse und Reis zum Fleisch in eine feuerfeste Form mit Deckel geben und 35 Minuten im Backofen bei 200 Grad garen. Dann vielleicht noch saure Sahne und Petersilie dazugeben. Vorweg grünen Salat servieren.

Englischer Fleisch-Pie ▸

4 Portionen à 775 Kalorien

750 g Kalbfleisch
250 g gekochter Schinken
1 Eßlöffel gehackte Kräuter (Kerbel, Estragon, Petersilie, Schnittlauch)
2 Eier
1 Paket Tieffrost-Erbsen-Karotten (ca. 300 g)
Fleischbrühe aus 1 Brühwürfel, 175 g Mehl
knapp 1/4 l Milch, 60 g Fett
Salz, 1 Eigelb

Fleisch und Schinken in Streifen schneiden, Kräuter untermischen. Die Eier hartkochen und in Scheiben schneiden. In eine feuerfeste Form das etwas angetaute Gemüse, darauf das Fleisch und die Eier geben und knapp bis zur Hälfte vom Fleisch mit Brühe auffüllen. Aus dem gesiebten Mehl mit der erwärmten Milch, in welcher das Fett aufgelöst wurde, einen Teig bereiten, salzen, auswellen und das Gericht damit bedecken. Die Teigoberfläche mit ausgestochenen Teigstückchen verzieren, mit Eigelb bestreichen und zuletzt eine Öffnung in den Teig stechen, damit der Dampf leicht entweichen kann. Bei 190 Grad ca. 1 Stunde auf der Unterschiene backen.

1
2
3

Gefüllter Filetbraten (1)

Rinderfilet entsehnen und längs einschneiden. Bratwurstbrät mit geschnittenen Champignons und gehackten Kräutern vermischen und in das Filet füllen, mit Räucherspeckscheiben umwickeln, salzen und pfeffern und in der Backröhre in dem Öl bei 250 Grad ca. 25–30 Minuten braten. Bratensatz mit etwas Wasser loskochen, leicht mit Speisestärke binden und die Soße zum Filetbraten servieren. Als Beilagen Pommes frites oder Pommes chips und verschiedene Gemüse oder gemischten Salat reichen.

4 Portionen à 550 Kalorien

500 g Rinderfilet
1 Paar rohe Bratwürste
1/8 Dose Champignons
1 Teelöffel gehackte Kräuter, 6 Scheiben Räucherspeck
Salz, Pfeffer
2 Eßlöffel Öl

Tomaten-Hackbraten (2)

Hackfleisch mit Haferflocken, Ei, Tomatenketchup, Salz und Pfeffer gut vermengen und auf befeuchteter Tischplatte zu einem Laib formen. Die Räucherspeckscheiben in der Fettpfanne in der Backröhre anbraten, Fett zugeben, Hackbraten einlegen und mit grobgewürfelter Zwiebel unter mehrmaligem Übergießen bei 180 Grad in ca. 35 Minuten braten. Bratensatz zuletzt mit etwas Wasser oder Fleischbrühe verkochen, durchseihen und zum Hackbraten servieren. Als Beilagen: Salatplatte mit Kartoffelsalat.

4 Portionen à 360 Kalorien

250 g gemischtes Hackfleisch
2 Eßlöffel Haferflocken
1 Ei, 2 Eßlöffel Tomatenketchup, Salz, Pfeffer
4 Scheiben Räucherspeck
1/2 Eßlöffel Butter oder Margarine, 1 Zwiebel

Überbackenes Kalbsfilet (3)

Kalbsfilet häuten und entsehnen. Mit Salz, Pfeffer und Thymian würzen und in Öl ca. 15 Minuten braten. Mit Schinkenscheiben, Essiggurken und Käsescheiben in der angegebenen Reihenfolge belegen, mit Paprika bestäuben und bei Oberhitze im Backrohr ca. 10 Minuten überbacken. Das überbackene Kalbsfilet mit Schaschliksoße, Brot und Butter servieren.

4 Portionen à 200 Kalorien

250 g Kalbsfilet
Salz, Pfeffer
etwas Thymian
3 Eßlöffel Öl
2 Scheiben gekochter Schinken, 2 Essiggurken
2 Scheiben Schweizer Käse
etwas scharfer Paprika

Tip: *Statt Kalbsfilet können Sie für das obige Rezept auch Schweinefilet nehmen. Dann müssen Sie das Fleisch jedoch etwas schärfer würzen. Schweinefilet ist etwas kalorienreicher.*

Fleischroulade

4 Portionen à 285 Kalorien

Für den Teig:
65 g gut ausgepreßter Quark, 1 Ei, 2 Eßlöffel Öl
1/2 gestrichener Teelöffel Salz, 125 g Weizenmehl
1 gestrichener Teelöffel Backpulver
Für die Füllung:
350 g gehacktes Rind- und Schweinefleisch
1 altbackenes Brötchen
1 Ei, 1 feingehackte Zwiebel
Pfeffer

Quark durch ein Sieb streichen, mit Ei, Öl und Salz verrühren. Danach gut die Hälfte des mit Backpulver gemischten, gesiebten Mehls eßlöffelweise dazugeben. Den Rest des Mehls darunterkneten. Hackfleisch mit dem eingeweichten, gut ausgedrückten Brötchen, Ei und Zwiebel vermengen und mit Salz und Pfeffer abschmecken. Teig zu einem Rechteck von 30 × 40 cm ausrollen, mit der Fleischfüllung gleichmäßig bestreichen und von der längeren Seite her aufrollen. Rolle mit Kondensmilch bestreichen und obenauf in etwa 2 cm breiten Abständen einen halben Zentimeter tief einschneiden. Fleischroulade im auf 180 Grad vorgeheizten Rohr 35–40 Minuten lang backen.

Gebratene Hochrippe mit gefüllten Tomaten auf Erbsen

8 Portionen à 630 Kalorien

1,5 bis 2 kg Hochrippe mit Knochen, Salz
schwarzer Pfeffer
1 Zwiebel
1 Eßlöffel Tomatenmark
Salatblätter
1 Eßlöffel Butter
1/2 Teelöffel milder Paprika
1 Löffelspitze Knoblauchsalz, Streuwürze
Sardellenfilets
geriebener Meerrettich
Oliven, 8 Tomaten
750 g mehlige Kartoffel
1 Eßlöffel Butter oder Margarine, Milch
1 Eßlöffel geriebener Käse
1 Packung tiefgekühlte Erbsen, 1 Teelöffel Butter oder Margarine
1 Prise Zucker

Von der Hochrippe alle Knochen bis auf die Rippenknochen entfernen. Fleisch zwei- bis dreimal binden, salzen, pfeffern und mit der Fettseite nach oben in eine passende Kasserolle setzen. Braten in der Backröhre bei 175 Grad pro 500 g Gewicht 30 Minuten garen. Braten nicht wenden und nicht begießen. Die ausgelösten Knochen und die gewürfelte Zwiebel anbraten, Tomatenmark zugeben, mit Wasser oder Brühe auffüllen, alles langsam kochen lassen und die Brühe zuletzt in die Kasserolle seihen, aus der die Hochrippe herausgenommen wurde. Die Soße kann mit etwas Speisestärke angedickt werden.
Den angerichteten Braten tranchieren. Vorher Garn entfernen. Braten am Tisch mit Salatblättern umlegen, die mit Paprikabutter (Butter mit Paprika, Knoblauchsalz und etwas Streuwürze verrührt), Sardellenfilets, Meerrettich und Oliven garniert werden. Als Beilage reicht man die abgezogenen, entkernten Tomaten, die mit Kartoffelpüree gefüllt, mit Käse bestreut und in der Röhre 15 Minuten überbacken wurden. Tomaten auf die mit Zucker und Salz abgeschmeckten und mit Fett verfeinerten Erbsen setzen.

Cannelloni (Mit Fleisch gefüllte Nudeln)

Cannelloni in reichlich Salzwasser nach Vorschrift kochen und bis zur Verwendung in kaltes Wasser legen. Spinat in Wasser einmal aufkochen, abschütten und erkalten lassen. Speckwürfel auslassen, Zwiebelwürfel darin anschwitzen und den zerriebenen Knoblauch zugeben. Das Hackfleisch, den gut ausgedrückten und grobgehackten Spinat, Zwiebel, Speck, die Hälfte vom Käse, Ei und die Gewürze mischen und mit einem Spritzbeutel in die Cannelloni einfüllen. Teigrollen in eine ausgebutterte Form setzen und mit der nach Vorschrift zubereiteten Tomatensoße übergießen. Mit geriebenem Käse bestreuen und in der Röhre bei 190 Grad etwa 30 Minuten überbacken.

4 Portionen à 680 Kalorien

ca. 250 g Cannelloni (Nudelrollen)
200 g Spinat, 80 g Speck
1 Zwiebel
1 Knoblauchzehe
250 g gemischtes Hackfleisch
4 Eßlöffel geriebener Käse
1 Ei, Salz, Pfeffer, Muskat
Suppenwürze
1 Beutel Tomatensoße

Tip: *Cannelloni sind in Italien beheimatete Röllchen aus Nudelteig. Sie werden süß oder pikant gefüllt. Besonders gut schmecken sie, wenn Sie für die Füllung frische Bratenreste verwenden.*

Schinken-Eier-Rolle

Eier 5 Minuten kochen, abschrecken, pellen und in die mit Senf bestrichenen Schinkenscheiben einrollen. Den nach Vorschrift aufgetauten Blätterteig zu 2 ca. 7 cm breiten, länglichen Streifen ausrollen. Schinken-Ei-Rollen auf einen Teigstreifen legen, die Ränder mit Eigelb bepinseln und den zweiten Teigstreifen darüberlegen. Die Rolle mit Ei bestreichen und auf einem kalt abgespülten Blech in der Röhre bei 220 Grad ca. 20 Minuten backen. Zu der Schinken-Ei-Rolle eine fertige oder eine mit Mayonnaise, Kondensmilch, Senf und Curry bereitete Senfsoße, gemischten Salat oder Brot und Butter reichen.

4 Portionen à 725 Kalorien

6 Eier
6 Scheiben gekochter Schinken
2 Teelöffel Senf
1 Paket tiefgekühlter Blätterteig, 2 Eigelb
etwas Senfsoße oder
4 Eßlöffel Mayonnaise
6 Eßlöffel Kondensmilch
2 Teelöffel Senf
1 Löffelspitze Curry

Straßburger Bäckerofen

4 Portionen à 860 Kalorien

375 g Rinderbug
375 g Schweineschulter
1 Schweineschwänzchen
Salz, 500 g Zwiebeln
2 Knoblauchzehen
1 Zweig Thymian
je 1 Teelöffel Wacholderbeeren und Pfefferkörner
3 Lorbeerblätter
1/2 l trockener Weißwein (Riesling)
1 kg Kartoffeln

Das Fleisch kräftig salzen. 2 Zwiebeln schälen und mit Knoblauch in Scheiben schneiden. Fleisch mit Zwiebel, Knoblauch, Thymian, Wacholderbeeren, Pfefferkörnern, Lorbeerblätter und Weißwein in eine Schüssel geben und 24 Stunden im Kühlschrank marinieren lassen. Danach restliche Zwiebeln und die Kartoffeln in Scheiben schneiden, Keramiktopf mit einer Lage Kartoffeln und Zwiebeln füllen, salzen, darauf Fleisch mit Gewürzen und Wein geben und mit Kartoffeln abdecken, wieder leicht salzen. Topf verschließen und bei 225 Grad gut 2 Stunden garen, die letzte Stunde auf 190 Grad zurückschalten. Bäckerofen in der Form servieren, Salat dazu reichen.

Gefüllter Fisch

4 Portionen à 745 Kalorien

2 Goldbarschfilets (insgesamt ca. 500–750 g)
Salz, Pfeffer
Saft von 1/2 Zitrone
1 Eßlöffel Butter oder Margarine
2 Zwiebeln
3 Brötchen (1 Tag alt)
1/8 l Milch
1/4 Dose Champignons
3 Eier, 1/2 Bund Dill
1/2 Teelöffel Fischwürzmischung
6–8 Scheiben Räucherspeck

Goldbarschfilet waschen, abtrocknen, salzen, pfeffern und mit Zitronensaft marinieren. Zwiebelwürfel in Fett hellbraun braten, zu den in Scheiben geschnittenen Brötchen geben, diese mit heißer Milch übergießen, etwas durchmischen und einen Teller daraufdrükken. Champignons in Scheiben schneiden, mit Eiern und geschnittenem Dill zu der Brötchenmasse geben, pikant mit Würzmischung, Salz, Pfeffer abschmecken, diese Masse auf ein Fischfilet streichen und mit dem zweiten Fischfilet abdecken. Den gefüllten Fisch mit Speckscheiben umwickeln, mit Garn umbinden, in gefettete Alu-Folie wickeln und auf einer feuerfesten Platte in der Backröhre bei 200 Grad 30–40 Minuten garen. Hierzu gebackene Kartoffeln reichen, die ungeschält, jedoch gut gewaschen in der Backröhre ca. 45 Minuten gegart wurden. Die Kartoffeln aufschneiden, ein Stück Butter darauflegen, mit etwas Zitronensaft beträufeln und mit Kräutern überstreuen.

Sauerrouladen „bürgerlich“

Rouladen mit Senf bestreichen, Zwiebeln in Streifen schneiden. Rouladen mit Zwiebelstreifen und halbierten Gurken füllen, aufrollen und binden. Sahne mit Essig verrühren, über Rouladen gießen und zugedeckt im Kühlschrank 1–3 Tage marinieren, dabei ein- bis zweimal wenden. Mehl und Paprika mischen, abgetropfte Rouladen salzen, in Paprikamehl wenden. Im Unterteil eines Brüsseler Topfes Fett erhitzen, Rouladen darin ringsum anbraten. Kohlrabi in Spalten, Paprika in Streifen schneiden und nach dem Anbraten um die Rouladen legen. Wein und die Hälfte der Marinade zugießen. Topf zugedeckt im vorgeheizten Backofen bei 220 Grad ca. 70 Minuten schmoren. Danach restliche Marinade mit Mehl verquirlen und die Soße damit binden. Nach Wunsch noch grüne Erbsen (aus gefrosteten Erbsen, in etwas Butter, Salz und 1 Prise Zucker gedünstet) zufügen. Dazu: Kartoffelpüree.

4 Portionen à 465 Kalorien

4 Scheiben Rinderrouladen
4 Teelöffel Senf
2 Zwiebeln, 2 Essiggurken
1/4 l saure Sahne
5 Eßlöffel Weinessig
1 schwach gehäufter Eßlöffel Mehl
1 Teelöffel Edelsüß-Paprika
Salz, 2 Eßlöffel Butter oder Margarine
2 Kohlrabi
2 grüne Paprikaschoten
1/8 l Weißwein
1 Teelöffel Mehl

Tip: *Die Rouladen können auch in einem Tontopf zubereitet werden. Dann werden sie in einer Pfanne angebraten, in den gewässerten Tontopf gegeben, in den kalten Backofen gestellt und bei 225 Grad $1^1/_2$ Stunden gegart.*

Seelachsfilet in Alufolie

Filet in ca. 2 cm dicke, schräge Scheiben schneiden und auf vier gefettete Stücke Alufolie verteilen. Mit Zitronensaft, Salz und Pfeffer würzen. Mixed Pickles und Kräuter zu dem Fisch geben, die Folie gut verschließen und im Backofen bei 225 Grad ca. 30 Minuten garen. Den Fisch zuletzt mit der Schaschlik- oder Paprikasoße übergießen. Dazu werden geröstete Brotscheiben gereicht. Das Brot vor dem Grillen mit Öl beträufeln, auf beiden Seiten rösten und zuletzt mit einer Knoblauchzehe einreiben.

4 Portionen à 310 Kalorien

1 kg Seelachsfilet
2 Eßlöffel Butter
1 Zitrone, Salz, Pfeffer
1/2 Glas Mixed Pickles
1 Eßlöffel gehackte Kräuter (Dill, Kerbel, Petersilie, Schnittlauch, Estragon), Schaschlik- oder Paprikasoße
Pariser Stangenbrot
Pflanzenöl
2–3 Knoblauchzehen

Karpfen blau

4 Portionen à 260 Kalorien

1 kg Karpfen
1 Karotte, 1 Zwiebel
Petersilie, Lorbeerblatt
Nelken, 1 Teelöffel
weiße Pfefferkörner, Salz
1 Teelöffel Streuwürze
1/4 l Weißwein
Saft von 1/2 Zitrone

Tontopf wässern. Den vorbereiteten Karpfen in den mit starker Alufolie ausgelegten Untertopf legen, Karotten- und Zwiebelscheiben sowie Gewürze und Wein und Zitronensaft hinzufügen. Tontopf schließen und in den kalten Backofen stellen. Bei 225 Grad ca. 70 Minuten garen lassen. Als Beilagen Petersilienkartoffeln und Meerrettichsahne reichen.

Gebratenes Roastbeef

4 Portionen à 700 Kalorien

1 kg Roastbeef
Salz, Pfeffer
750 g Kartoffeln
2 Zwiebeln
40 g Butter

Tontopf wässern. Roastbeef mit Salz und Pfeffer einreiben und mit Garn umwickeln. Kartoffeln schälen und salzen und mit gewürfelten Zwiebeln in Fett 10 Minuten braten. In den Untertopf geben. Roastbeef auf einen Spieß stecken und in die Auflagen legen. Tontopf in den kalten Backofen stellen, auf ca. 250 Grad erhitzen und ca. 60 Minuten garen lassen. Als Beilagen verschiedene Gemüse reichen.

Schwedischer Weihnachtsschinken

8 Portionen à 430 Kalorien

ca. 1,5 kg gepökelter, gerollter Schinken
1 Zwiebel, 1 Lorbeerblatt
2 Nelken, 2 Möhren
10 Pfefferkörner
1 Eiweiß
1 Eßlöffel Zucker
1 Teelöffel Senf
3 Eßlöffel zerbröseltes Weißbrot (ohne Rinde)
Butter

Tontopf wässern. Zwiebeln schälen und Lorbeerblatt mit Nelken daran feststecken. Möhren waschen, putzen und halbieren. Schinken mit der Schwartenseite nach oben in die untere Tontopfhälfte legen. Besteckte Zwiebel, Möhren und Pfefferkörner dazugeben, Deckel auflegen und in den kalten Backofen stellen. Bei 225 Grad 2 Stunden garen. Zuletzt die Schwarte sowie das Fett auf 1–2 cm abschneiden. Eiweiß zu steifem Schnee schlagen, Zucker dazugeben und zuletzt Senf daruntermischen. Fettseite des Schinkens mit diesem Eischnee bestreichen und mit Brotbröseln bestreuen. Butter zerlassen, daraufträufeln und den Schinken in der Röhre ohne Deckel bei 250 Grad kurz überbacken. Beilagen: Kartoffelpüree oder Petersilienkartoffeln und Rotkohl. Den Rotkohl mit etwas Johannisbeergelee abschmecken. Nach Belieben können auch gedünstete Äpfel dazu serviert werden.

Ungarisches Gulasch

Tontopf wässern. Fleisch in 3 cm große Würfel schneiden. Zwiebeln schälen, fein würfeln und in einer Pfanne mit Fett oder Öl goldgelb dünsten. Fleisch dazugeben und kurz mitbraten. Paprika, Salz und Tomatenmark dazugeben und gut unterrühren. Das Fleisch mit Rotwein in den Untertopf geben und zugedeckt in den kalten Backofen stellen. Bei 200 Grad 2 Stunden dünsten. Inzwischen die Zitronenschale, Kümmel, Majoran und Knoblauch sehr fein hacken und dazugeben, eventuell mit Soßenpulver binden. Dazu viel Salat, Spätzle oder Salzkartoffeln reichen.

4 Portionen à 440 Kalorien

750 g Rinderbug
250 g Zwiebeln
1 Eßlöffel Öl
1 gehäufter Eßlöffel milder Paprika
1 Teelöffel Salz
1 Eßlöffel Tomatenmark
1 Weinglas Rotwein
etwas Zitronenschale
3/4 Teelöffel Kümmel
1 Teelöffel Majoran
1/2 Knoblauchzehe

Amerikanische Putenteile „California"

Tontopf wässern. Putenunterschenkel mit Öl, etwas Salz und Pfeffer einreiben. In den Untertopf legen, zudecken, in die kalte Röhre schieben, auf 225 Grad stellen und 1 1/2 Stunden garen. In der Zwischenzeit Portwein, Früchte, Zucker, Essig und Gewürze 5–10 Minuten bei schwacher Hitze kochen und die Unterschenkel mit der Soße übergießen. Danach noch eine weitere halbe Stunde garen lassen.

4 Portionen à 415 Kalorien

4 Putenunterschenkel
etwas Öl, Salz, Pfeffer
1 Tasse Portwein
je 1 Tasse getrocknete Aprikosen und Pflaumen
je 1/2 Tasse Rosinen, Zucker und Essig
je 1/2 gestrichener Eßlöffel Zimt und Piment

Eintopf „norddeutsche Art"

Sellerie, Kohlrabi, Kartoffeln, Möhren, Lauch und Paprikaschote putzen und in Scheiben schneiden, geschälte Zwiebel fein würfeln. Tontopf 15 Minuten in kaltes Wasser legen, Gemüse und in Scheiben geschnittenen Schweinebauch hineingeben, mit Salz, Pfeffer und Majoran würzen und die nicht mehr heiße Fleischbrühe zugießen. Geschlossenen Tontopf in den kalten Backofen stellen. Bei 225 Grad ca. 1 1/2 Stunden garen. Herausnehmen, mit frisch gehackter Petersilie bestreuen. Im Tontopf servieren. Bauernbrot dazu reichen. (Foto auf dem Rücktitel)

4 Portionen à 740 Kalorien

500 g frischer Schweinebauch, 1 Sellerieknolle
1 Kohlrabi, 3 mittelgroße Kartoffeln, 3 Möhren
1 Stange Lauch (Porree)
1 grüne Paprikaschote
1 Zwiebel, Salz, Pfeffer
1 Teelöffel Majoran, 1/2 l Fleischbrühe (Würfel)

Szegediner Gulasch

4 Portionen à 410 Kalorien

250 g Rindfleisch
250 g Schweinefleisch
4 Zwiebeln
2 Eßlöffel Schweineschmalz
2 Eßlöffel Edelsüß-Paprika
3/8 l Fleischbrühe
1 Dose Sauerkraut (500 g)
1/8 l saure Sahne

Tontopf wässern. Fleisch in 2 cm große Würfel schneiden. Zwiebeln schälen und grob würfeln. Schweineschmalz in einer Pfanne erhitzen und die Zwiebelwürfel darin unter ständigem Rühren braun braten; Paprika und das Fleisch daruntermischen. Fleisch und Zwiebeln in den Untertopf geben, Fleischbrühe und Sauerkraut zugeben, zugedeckt in den kalten Backofen stellen und bei 200 Grad ca. 2 Stunden garen. Zuletzt Gulasch mit saurer Sahne übergießen.

Kalbsrücken im Tontopf

4 Portionen à 645 Kalorien

1 kg ausgelöster Kalbsrücken
etwas Margarine
2 Lorbeerblätter
1 Teelöffel Pfefferkörner
2 Rosmarinzweige
Salz, Pfeffer, 1 Zwiebel
50 g Räucherspeck
2 Scheiben Toastbrot (ohne Rinde)
2 Eier, 50 g geschälte geriebene Mandeln
1 Eßlöffel gehackte Petersilie
1/3 l saure Sahne
1 Teelöffel Speisestärke

Tontopf wässern. Starke Alufolie einfetten und Lorbeerblätter, Pfefferkörner und Rosmarinzweige darauflegen. Fleisch mit Salz und Pfeffer einreiben und auf die Folie legen. Zwiebel und Räucherspeck würfeln und mit zerbröckeltem Toastbrot, Eiern, Mandeln und Petersilie gut vermischen. Auf das Fleisch streichen und die Folie so darüberschlagen, daß das Fleisch aufgerollt wird. Das Folienpaket gut verschließen, in den Tontopf legen und in den kalten Backofen schieben. Bei 250 Grad 1 1/2 Stunden garen. Fleisch anrichten. Soße mit Sahne und Speisestärke verrühren und noch einmal kurz aufkochen. Dazu feines Gemüse und Bratkartoffeln reichen.

Schweinebraten „bürgerlich"

4 Portionen à 310 Kalorien

750 g Schweinefleisch aus der Keule
Salz, Pfeffer
gemahlener Kümmel
Thymian, Majoran
3 Möhren, 3 Zwiebeln
1/2 Sellerieknolle
2 Knoblauchzehen

Tontopf wässern. Das Fleisch mit Salz und Pfeffer einreiben. Mit gemahlenem Kümmel, Thymian und Majoran bestreuen. Möhren, Zwiebeln und Sellerie schälen und in 2–3 cm große Würfel schneiden. Braten in den Untertopf legen. Gemüse und ungeschälte Knoblauchzehen um das Fleisch verteilen. Deckel auflegen und den Tontopf auf den Boden des kalten Backofens stellen. Bei 225 Grad ca. 2 Stunden garen.

Gedünstetes Kalbfleisch

Tontopf wässern. Fleisch in 3 cm große Würfel schneiden. Zwiebeln kurz in heißes Wasser legen und schälen, in kleine Würfel schneiden. Fleisch und Zwiebeln in den Tontopf geben, mit etwas Salz und Pfeffer bestreuen und gewaschene Champignons zugeben. Weißwein zugießen, Lorbeerblatt und Nelken hinzufügen. Tontopf schließen, in den kalten Backofen stellen. Bei 225 Grad 80 Minuten garen lassen. Sahne, Eigelb und Speisestärke verquirlen. Angerührte Sahne zum Fleisch gießen. Weitere 10 Minuten in den Backofen schieben. Das Gericht mit Salz und Worcestersoße abschmecken. Beilagen: Reis vermischt mit grünen Erbsen und Salat.

4 Portionen à 355 Kalorien

750 g Kalbsschulter
3 Zwiebeln, Salz, Pfeffer
250 g Champignons
1/4 l Weißwein
1 Lorbeerblatt, 2 Nelken
1/8 l süße Sahne
1 Eigelb, 2 gehäufte Teelöffel Speisestärke
Worcestersoße

Italienische Kalbsrouladen

Tontopf wässern. Kalbsschnitzel mit Salz und Pfeffer, Oregano oder Thymian und Zitronenschale einreiben. Schinken in kleine Würfel schneiden und mit dem Bratwurstfleisch vermischen. Mit dieser Fleischmasse je eine Seite der Schnitzel bestreichen, zusammenrollen, mit Garn umbinden und Röllchen auf einen Spieß stecken. Weißwein, gewürfelte Zwiebel und Tomatenmark in den Tontopf füllen, den Spieß auflegen und zugedeckt in den kalten Backofen stellen. Bei 225 Grad $1^1/_2$ Stunden garen. Bratensatz mit Soßenpulver binden. Mit Reis und Salat servieren.

4 Portionen à 660 Kalorien

8 dünne Kalbsschnitzel
Salz, Pfeffer
1/2 Teelöffel Oregano oder Thymian
Schale von 1/2 Zitrone, fein gehackt, 125 g roher Schinken
1 Paar rohe Bratwürste
1 Weinglas Weißwein
1 Zwiebel
1/2 Eßlöffel Tomatenmark
1 Beutel Bratensoße

Geschmorte Kalbshaxe

Tontopf wässern. Kalbshaxe mit Salz, Pfeffer und Basilikum einreiben. Kalbshaxe auf einen Spieß stekken. Zwiebel und Möhre schälen, in Stücke schneiden, in den Tontopf geben, Tomatenmark und Weißwein zufügen und die Haxe auflegen. Tontopf zudecken, in den kalten Backofen stellen, auf 250 Grad schalten und 2 Stunden garen. Kalbshaxe anrichten, Soße durch ein Sieb streichen und mit Sahne und Speisestärke binden. Mit Gemüse oder Salat und Bratkartoffeln servieren.

4 Portionen à 415 Kalorien

1 Kalbshaxe
Salz, Pfeffer, Basilikum
1 Zwiebel, 1 Möhre
1 Eßlöffel Tomatenmark
1 Weinglas Weißwein
2 Eßlöffel saure Sahne
etwas Speisestärke

Geschmortes Rindfleisch

4 Portionen à 550 Kalorien

500 g Rinderkamm
Salz, Pfeffer
3 Zwiebeln, 750 g Karotten
4 Eßlöffel Öl
2 zerdrückte Knoblauchzehen
1 Lorbeerblatt
1 Tasse Rotwein
1/8 l Fleischbrühe
4 große Kartoffeln

Tontopf wässern. Rinderkamm in 3 cm große Würfel schneiden, mit Salz und Pfeffer würzen. Zwiebeln und Karotten in Scheiben schneiden und mit Öl, zerdrücktem Knoblauch, Lorbeerblatt, Wein, Brühe und Fleisch in den Untertopf geben, zudecken und in den kalten Backofen schieben. Bei 200 Grad ca. 1 Stunde garen lassen. Danach die in Würfel geschnittenen Kartoffeln zugeben und noch 1 Stunde garen. Alles mit Petersilie bestreuen und mit Brot servieren.

Irish Stew (Hammel-Kraut-Eintopf)

4 Portionen à 790 Kalorien

500 g Hammelfleisch (Schulter, Brust)
1 Lorbeerblatt
2 Nelken, Salz, Pfeffer
3 Zwiebeln
1 Knoblauchzehe
1 Kopf Weißkohl
1 kg Kartoffeln
1/2 Teelöffel Kümmel
1/8 l Fleischbrühe
2 Eßlöffel gehackte Kräuter

Tontopf wässern. Hammelfleisch in etwa 3 cm große Würfel schneiden, mit Lorbeerblatt, Nelken, Salz, Pfeffer, Zwiebelstreifen und zerdrücktem Knoblauch gut vermischen. Den Kohl (Strunk entfernen) in 3 cm große Vierecke schneiden und zusammen mit rohen Kartoffelscheiben und dem Fleisch lagenweise in den Untertopf schichten. Jede Lage mit etwas Kümmel und Pfeffer würzen. Fleischbrühe zugeben. Zugedeckt in den kalten Backofen stellen und 2 Stunden bei 200 Grad garen. Zuletzt mit gehackten Kräutern bestreuen. Mit frischem Weißbrot servieren.

Huhn mit Reis

4 Portionen à 770 Kalorien

1 Poularde
8 dünne Scheiben Speck
Salz, Pfeffer
2 Zwiebeln, 4 Tomaten
1/2 Teelöffel Paprika
2 Tassen Reis
4 Tassen Fleischbrühe
geriebener Käse

Tontopf wässern. Poularde vierteln, je ein Teil auf zwei Speckscheiben legen, mit Salz und Pfeffer würzen, zusammenrollen und auf einen Spieß stecken. Zwiebeln schälen und in Scheiben schneiden. Tomaten in kochendheißes Wasser tauchen, die Haut abziehen und halbieren, in den Topf geben, Paprika, Reis und Brühe zufügen, Spieß auflegen, zudecken. Tontopf in den kalten Backofen stellen, auf 225 Grad stellen und 90 Minuten garen. Zuletzt mit Käse bestreuen.

Warschauer Lungenbraten

Tontopf wässern. Rinderlende mit Salz und Pfeffer einreiben. Zwiebel schälen, Möhre, Porree und Sellerie putzen, waschen und alles in Scheiben schneiden, in den Untertopf legen. Rinderlende am Spieß daraufgeben, zudecken und in den kalten Backofen stellen. Bei 250 Grad das Fleisch 50 Minuten garen lassen. Die Lende herausheben und bis zum Aufschneiden warm stellen. Gemüse mit Tomatenmark, Sahne und etwas Wasser verkochen. Durch ein Sieb streichen. Speisestärke mit kaltem Wasser verquirlen, in die Soße rühren und aufkochen. Beilagen: Kartoffelbrei und grüne Erbsen mit gedünsteten Zwiebelwürfeln.

4 Portionen à 535 Kalorien

750 g Rinderlende
Salz, Pfeffer
1 Zwiebel, 1 Möhre
1 Porreestange
1 Stück Sellerieknolle
1 Teelöffel Tomatenmark
1/4 l süße oder saure Sahne
1 gestrichener Eßlöffel Speisestärke

Hähnchen „Cordoba"

Tontopf wässern. Hähnchen nach Vorschrift auftauen. Schinken, Zwiebeln und Paprikaschoten in Streifen schneiden, Knoblauchzehe fein hacken und alles mit Hähnchenteilen, Gewürzen und Öl in den Tontopf geben. Deckel auflegen, in den kalten Backofen stellen, auf 250 Grad schalten und 40 Minuten garen. Tomaten mit Saft, Paprika, Reis und Fleischbrühe hinzufügen und nochmals 50 Minuten garen lassen. Das Gericht im Tontopf servieren. Dazu Brot reichen.

4 Portionen à 590 Kalorien

1 bis 2 Pakete gefrostete Hähnchenteile (ca. 1 kg)
3 Scheiben roher Schinken
2 Zwiebeln, 2 grüne Paprikaschoten, 1 Knoblauchzehe, Salz, Pfeffer
je 1/2 Teel. Thymian und Rosmarin
4 Eßl. Olivenöl, 1/2 Dose geschälte Tomaten
1/2 Teel. Paprika, je 2 Tas. Reis u. Fleischbrühe

Norwegisches Seelachsfilet

Tontopf wässern, mit gefetteter Alufolie auslegen. Fischfilet in ca. 2 cm dicke, schräge Scheiben schneiden und auf der Alufolie verteilen, mit Zitronensaft, Salz und Pfeffer würzen. Grobgeschnittene Mixed Pickles und gehackte Kräuter zu dem Fisch geben und die Folie gut verschließen. Tontopf in den kalten Backofen stellen, bei ca. 200 Grad 45 Minuten garen. Dazu geröstete Brotscheiben und Schaschlik- oder Paprikasoße reichen. Das Brot mit zerlassener Butter beträufeln, grillen und danach auf beiden Seiten mit einer Knoblauchzehe einreiben.

4 Portionen à 605 Kalorien

1 kg Seelachsfilet
1 Zitrone, Salz, Pfeffer
1/2 Glas Mixed Pickles
1 Eßlöffel gehackte Kräuter (nach Marktangebot), Schaschlik- oder Paprikasoße
Weißbrotscheiben
etwas Butter
2–3 Knoblauchzehen

Gefüllte Schweinsrolle ▸

8 Portionen à 525 Kalorien

1 kg Schweinekamm
Salz, Pfeffer, Kümmel
3 Zwiebeln
3 Möhren, 2 Eier
2 Porreestangen
1 Teelöffel Paprika
1 Teelöffel Tomatenmark

Tontopf wässern. Schweinekamm ziehharmonikaförmig einschneiden, so daß eine große Fleischfläche entsteht. Fleisch zwischen Haushaltsfolie dünn klopfen. Mit Salz, Pfeffer und gemahlenem Kümmel würzen. Gemüse putzen, 2 Zwiebeln und 2 Möhren in Scheiben schneiden, auf das Fleisch legen. Darauf 2 hartgekochte Eier und 2 Porreestangen geben. Fleisch aufrollen. Mit Garn umbinden. In den Topf legen. Mit restlichem, kleingeschnittenem Gemüse umlegen. Zugedeckt in den kalten Backofen stellen. Bei 200 Grad ca. 2 1/2 Stunden garen. Fleisch herausnehmen, Garn entfernen, warm stellen. Bratensatz mit Wasser loskochen und mit den übrigen Zutaten daraus eine Soße bereiten. Dazu Kartoffeln und Salat servieren.

Badischer Schweinebraten mit Kastanien

4 Portionen à 530 Kalorien

750 g Schweinekeule
mit Schwarte
Salz, Pfeffer
1 Karotte, 1 Zwiebel
500 g Eßkastanien
1/8 l Fleischbrühe (Würfel)

Tontopf wässern. Schwarte der gewürzten Schweinekeule rautenförmig einritzen. Keule mit Schwarte nach oben in den Tontopf legen, gewürfeltes Gemüse und die geschälten Kastanien mit Fleischbrühe zugeben. In den kalten Backofen stellen und bei 225 Grad 2 Stunden garen. Mit Rotkraut und Kartoffelpüree servieren.

Gemüseeintopf mit Puterkeulen ▸

4 Portionen à 580 Kalorien

2 tiefgekühlte Puterkeulen
500 g Schwarzwurzeln
500 g Rosenkohl
250 g Zwiebeln
500 g Kartoffeln, Salz
Pfeffer, 3/8 l Fleischbrühe
1 Nelke, 1 Lorbeerblatt
1/2 Teelöffel Thymian
5 Petersilienstengel

Fleisch auftauen. Schwarzwurzeln waschen, schaben, in 7 cm lange Stücke schneiden und in Wasser, verrührt mit 1 Eßlöffel Mehl und 1 Eßlöffel Essig, legen. Rosenkohl putzen, waschen, Zwiebeln und Kartoffeln schälen, evtl. vierteln. Tontopf ca. 10 Minuten wässern, Keulen hineinlegen, darauf Gemüse schichten, salzen, pfeffern. Heiße Brühe, Gewürze zugeben, verschlossen ins kalte Backrohr stellen. Bei 225 Grad 90 Minuten schmoren. Mit Brot servieren.

RÖMERTOPF®

Gedünsteter Hecht mit Eiersoße

Hecht schuppen und mit Essig-Salz-Mischung gut abreiben, danach abspülen. 1 großes Stück Alufolie einfetten, den Hecht darauflegen, mit Karotten- und Lauchscheiben, Petersilie, Pfefferkörnern und Lorbeerblättern belegen, salzen. Folie gut verschließen und in der Fettpfanne in der Backröhre bei 225 Grad ca. 45 Minuten garen.
Für die Eiersoße: Fett zerlassen, das Mehl darin hell schwitzen, mit kalter Milch auffüllen, zum Kochen bringen und 5 Minuten kochen lassen. Mit Salz und Pfeffer abschmecken und mit hartgekochten, gehackten Eiern vermischen. Hecht in der Alufolie anrichten, Hechtbrühe zur Soße gießen und Soße extra reichen. Als Beilagen Salzkartoffeln servieren.

4 Portionen à 310 Kalorien

1 kg frischer Hecht
1/2 Eßlöffel Essig
1 Eßlöffel Salz
2 Karotten
2 Lauchstangen
etwas Petersilie
1 Teelöffel Pfefferkörner
2 Lorbeerblätter
Für die Eiersoße:
1 Eßlöffel Butter
oder Margarine
2 Eßlöffel Mehl
3/8 l Milch
Salz, Pfeffer, 2 Eier

Djuvec (Fleisch mit Gemüsen und Reis in der Tonform)

Tonform nach Vorschrift wässern, herausnehmen. Fleisch in 2 cm dicke Streifen schneiden, Zwiebeln und Paprikaschoten grob würfeln und die Auberginen in Würfel teilen. Alles in den Tontopf geben. Fett zerlassen, Paprikapulver hineingeben und über Fleisch und Gemüse gießen, würzen und alles vermischen. In der geschlossenen Tonform in der Backröhre bei 250 Grad ca. 60 Minuten garen, danach in Würfel zerschnittene Kartoffeln, Reis, Tomaten und die heiße Brühe zugeben und in weiteren 20 Minuten fertiggaren.

4 Portionen à 795 Kalorien

250 g Schweinefleisch
250 g Rindfleisch
250 g Kalbfleisch
oder Hammelfleisch
500 g Zwiebeln
250 g grüne Paprikaschoten, 250 g Auberginen
2 Eßlöffel Schweinefett
2 Eßlöffel milder Paprika
Salz, Pfeffer
Sellerieblätter
2 Lorbeerblätter
250 g Kartoffeln
1 Tasse Reis
1/2 Dose geschälte Tomaten
1 1/2 Tassen Fleischbrühe aus Brühwürfeln

Schaschlikspieße aus dem Tontopf

4 Portionen à 650 Kalorien

500 g Rind- oder Kalbfleisch
Saft von 1/2 Zitrone, Salz
4 Eßlöffel Öl, 2 Zwiebeln
2 rote Paprikaschoten
4 Tomaten
Für die Soße:
1 1/2 Zwiebeln
1 1/2 Knoblauchzehen
3/4 Tasse Olivenöl
3 gehäufte Eßlöffel Edelsüß-Paprika
1 1/2 Teelöffel Curry
1/2 Flasche Tomatenketchup
1/2 l Fleischbrühe
Salz, Thymian
1 Lorbeerblatt
Petersilienstengel

Fleisch in 2 cm große Würfel schneiden, in Zitronensaft, Salz und Öl 2–3 Stunden marinieren. Zwiebeln schälen und in dicke Ringe schneiden. Paprikaschoten waschen, entkernen und in Stücke schneiden. Tomaten waschen und vierteln. Abwechselnd Fleischstücke, Zwiebelringe, Tomatenviertel und Paprika auf einen Spieß stecken. In den gewässerten Tontopf geben, in den kalten Backofen stellen und bei 250 Grad ca. 30 Minuten garen lassen.
Für die Soße: Zwiebeln und Knoblauch schälen und fein hacken. Öl in einer flachen Pfanne erhitzen und Zwiebeln und Knoblauch darin glasig dünsten. Paprika und Curry hineingeben und etwa 1/2 Minute mitdünsten. Danach Tomatenketchup und Brühe zugießen und Salz, Thymian, Lorbeerblatt und Petersilienstengel hinzufügen. Soße zum Kochen bringen und bei mäßiger Hitze 10 Minuten kochen lassen. Lorbeerblatt und Petersilienstengel herausnehmen und Soße scharf abschmecken. Schaschlikspieße hineinlegen und einige Minuten darin ziehen lassen – nicht kochen! Nach Belieben Soße mit Speisestärke binden.

Gedünsteter dänischer Heilbutt mit Champignons

4 Portionen à 320 Kalorien

4 Scheiben Heilbutt (à 200–250 g)
2 Eßlöffel Butter oder Margarine
Saft von 1 Zitrone
Salz, Pfeffer
1/2 Dose Champignons
1/8 l Weißwein
1 Dose oder Glas ganze, vorgekochte Kartoffeln

Tontopf wässern, mit Alufolie auslegen und einfetten. Heilbuttscheiben in den Topf legen, mit Zitronensaft, Salz, Pfeffer würzen und 5 Minuten stehen lassen. Champignons, Weißwein und die abgetropften Kartoffeln zu den Fischscheiben geben. Folie gut verschließen. Deckel auflegen und den Tontopf in den kalten Backofen stellen und bei 200 Grad 45 Minuten garen. Das Gericht mit Zitronenscheiben und frischer Butter servieren. Dazu Salat reichen.

Mariniertes Schweineragout

Schweinefleisch in Würfel schneiden und in eine Schüssel geben, dazu 1 geschälte Zwiebel, Möhre, Lorbeerblatt, Nelken, Zitronenschale, Kümmel, Pfeffer, Wein, zudecken und 1 Tag in den Kühlschrank stellen. Tontopf wässern. 2 geschälte Zwiebeln und Speck in erbsengroße Würfel schneiden. Fleisch aus der Marinade nehmen und etwas abtrocknen. Butter oder Margarine in einer Pfanne erhitzen, Speck- und Zwiebelwürfel darin anbraten, das Fleisch dazugeben, salzen, braun braten und in den Untertopf geben. Fleischbrühe, Marinade, Zwiebeln und Möhre dazugeben und Tontopf zudecken. Das Ganze in den kalten Backofen stellen und bei 250 Grad ca. 2 Stunden schmoren lassen. Zuletzt mit etwas Speisestärke oder Soßenpulver binden; ganze Karotte und Zwiebel zuvor entfernen. Mit Erbsen und Kartoffeln servieren.

4 Portionen à 430 Kalorien

750 g Schweineschulter oder -keule
3 Zwiebeln, 1 Möhre
1 Lorbeerblatt, 2 Nelken
1 Stück Zitronenschale
1 gestrichener Teelöffel Kümmel
1 gestrichener Teelöffel gemahlener weißer Pfeffer
1/8 l herber Weißwein
50 g Räucherspeck
1 Eßlöffel Butter oder Margarine, Salz
1 Tasse Fleischbrühe
1 Eßlöffel Speisestärke

Geschmorte Haxenscheiben

Tontopf wässern. Haxenscheiben mit Salz und Pfeffer einreiben und in Paprika wenden. Zwiebeln schälen und fein hacken, die Knoblauchzehe zerdrücken und zerreiben, Sellerie und Möhren putzen, waschen und in kleine Würfel schneiden. Mit den Tomaten und der Fleischbrühe in den Tontopf geben, würzen und zugedeckt in den kalten Backofen schieben. Auf 250 Grad stellen und 2 Stunden garen. Soße zuletzt mit etwas Speisestärke binden. Dazu Teigwaren servieren.

4 Portionen à 400 Kalorien

1 Kalbshaxe, in 2–3 cm dicke Stücke zersägt
Salz, Pfeffer, 1 Teelöffel milder Paprika, 2 Zwiebeln
1 Knoblauchzehe
1/2 Sellerieknolle
2 Möhren, 1/2 Dose geschälte Tomaten
1/4 l Fleischbrühe
1/2 Teelöffel Oregano

Schweinerücken am Spieß

Schweinerücken in eine Schüssel legen. Geschälte Zwiebel und Zitrone in Scheiben schneiden. Zusammen mit dem Lorbeerblatt und Kümmel zum Schweinerücken geben und mit Öl übergießen. Alles gut vermischen und das Fleisch etwa 1–2 Tage darin ziehen lassen. Schweinerücken auf einen Spieß stecken, in gewässerten Tontopf legen und im kalten Backofen bei 225 Grad ca. 1 1/2 Stunden garen. Dazu: Knödel.

4 Portionen à 950 Kalorien

1 kg Schweinerücken (ohne Knochen)
1/2 Zwiebel, 1/2 Zitrone
1 Lorbeerblatt
etwas Kümmel
2–3 Eßlöffel Öl

Schweinenacken „bürgerlich" ▶

4 Portionen à 975 Kalorien

1 kg Schweinenacken
20 kleine (walnußgroße) Zwiebeln, 2 Möhren
1 mittelgroße Sellerieknolle
1 Teelöffel Pfefferkörner
1 Teelöffel getrockneter oder 1 Zweig frischer Thymian
1 Teelöffel Rosen-Paprika
Salz, 1/2 Weinglas Rotwein
saure Sahne, Mehl

Zwiebeln schälen, Möhren und Sellerie putzen und alles in Würfel schneiden. Pfefferkörner im Mörser grob zerstoßen oder mahlen, mit Thymian, Rosen-Paprika und Salz mischen und das Fleisch damit gut einreiben. Fleisch auf Bratfolie legen, mit Gemüsewürfeln umlegen und Folie auf einer Seite verschließen. Wein einfüllen und zweite Seite der Folie verschließen. Mit einer Gabel Folie oben einstechen. Rost in die Fettpfanne setzen. Folienpaket darauflegen und bei 200 Grad ca. 70 Minuten garen. Folie auf einer Seite aufschneiden, Brühe in einen Topf gießen. Brühe mit saurer Sahne, mit Mehl verrührt, binden. Fleisch aufschneiden und mit dem Gemüse umlegen. Kartoffelpüree dazu reichen.

Gedünstetes Kalbssteak in Folie

4 Portionen à 260 Kalorien

4 Kalbssteaks
etwas Zartsalz
1 Eßlöffel Butter oder Margarine
1/4 Dose oder 200 g frische Champignons
1/4 l saure Sahne
1 Teelöffel Paprika
1 Teelöffel Speisestärke

Kalbssteaks mit etwas Zartsalz bestreuen, einklopfen und Steaks 30 Minuten stehen lassen. Ein Stück Alufolie einfetten, die Steaks darauflegen, geschnittene Champignons darüberstreuen. Sahne mit Paprika und Speisestärke verrühren und auf die Steaks geben, die Alufolie schließen und im vorgeheizten Backrohr bei 250 Grad ca. 25 Minuten garen. Beilagen: Reis oder Kartoffelpüree und Salat.

Curryspieße in Aluminiumfolie ▶

4 Portionen à 340 Kalorien

250 g gemischtes Hackfleisch
2 Eßlöffel Semmelbrösel
1 Ei, je 1 Löffelspitze Zwiebel- und Knoblauchpulver, Salz, Pfeffer
einige Tropfen Weinbrand
2 Bananen
2 Ananasscheiben
1/8 l saure Sahne
1 Teelöffel Currypulver
1 Eßlöffel Kokosraspeln

Hackfleisch mit Semmelbröseln, Ei, Zwiebel- und Knoblauchpulver, Salz, Pfeffer und Weinbrand vermischen und walnußgroße Klößchen daraus formen. Bananen in 2 cm große Stücke, Ananasscheiben in Viertel schneiden. Klößchen, Ananas- und Bananenstücke auf 4 Spieße stecken und auf extra starke Aluminiumfolie legen. Mit saurer Sahne beträufeln und mit Curry und Kokosraspeln bestreuen. Folie verschließen und bei 250 Grad im vorgeheizten Backofen ca. 30 Minuten garen. Reis mit Kräutern und grünen Salat dazu reichen.

bratfolie
bratfolie

Kalte Weißwein-Makrelen ◂ in der Folie

Makrelen waschen und gut abtropfen lassen, Zwiebeln und Möhren in Scheiben schneiden. Alufolie (extra stark) auf eine feuerfeste Platte legen, darauf die Fische geben und mit Zwiebel- und Möhrenscheiben und Gewürzen bestreuen. Folie an den Rändern anheben, Wein, Essig, Zucker und Salz zugeben und Folie verschließen. Ränder gut umkniffen, damit keine Flüssigkeit herauslaufen kann. Im vorgeheizten Backofen bei 200 Grad 50 Minuten garen. Auf einer Platte anrichten. Erkaltet mit Bratkartoffeln und Salat servieren.

4 Portionen à 275 Kalorien

4 Makrelen à 200 g
2 blaue Zwiebeln
2 kleine Möhren
2 Lorbeerblätter
1 Teelöffel Senfkörner
4 Nelken, 1/2 Teelöffel schwarze Pfefferkörner
1 Weinglas Weißwein
1/2 Weinglas Weinessig
1 Teelöffel Zucker
1 Teelöffel Salz

Gedünsteter Heilbutt mit Champignons

Vier Stück Alufolie (extra stark) einfetten, je eine Scheibe Heilbutt darauflegen, mit Zitronensaft, Salz und Pfeffer würzen und 5 Minuten stehen lassen. Die Ränder der Alufolie hochstellen. Champignons, Weißwein und die abgetropften Kartoffeln zu den Fischscheiben geben und die Folie gut verschließen. Im auf 250 Grad vorgeheizten Backrohr ca. 45 Minuten garen.

4 Portionen à 420 Kalorien

4 Scheiben Heilbutt
2 Eßl. Butter, Saft von 1 Zitrone, Salz, Pfeffer
1/2 Dose Champignons
1/8 l Weißwein, 1 Dose ganze, vorgekochte Kartoffeln

Schwarzwälder Schäufele ◂ in der Bratfolie

Zwiebeln und Möhren schälen und in grobe Würfel schneiden. Schäufele auf Bratfolie legen, mit Gemüsewürfeln und Gewürzen umlegen und Folie auf einer Seite nach Vorschrift verschließen. Wein hineingießen und auch die zweite Seite verschließen. Mit einer Gabel Folie oben einstechen. Rost in die Fettpfanne setzen, darauf das Fleisch legen und bei 200 Grad ca. 60 Minuten garen. Folie auf einer Seite öffnen. Saft herausgießen und das Schäufele auf einem Holzbrett anrichten. Dazu Kartoffelsalat, Endiviensalat und Mixed Pickles reichen.

6 Portionen à 1010 Kalorien

ca. 1,5 kg mildgepökeltes Schwarzwälder Schäufele
2 Zwiebeln, 2 Möhren
2 Lorbeerblätter, 1 Teelöffel weiße Pfefferkörner
4 Nelken
8 Wacholderbeeren
1/2 Weinglas trockener Weißwein

Kalbfleisch auf „Römer-Art"

4 Portionen à 380 Kalorien

500 g Kalbsschulter oder -keule, 1 Zitrone
Salz, Pfeffer
1 Teelöffel Thymian
1 Teel. Senf, 4 Zwiebeln
4 Kartoffeln, 3 Möhren
1/4 Kopf Wirsingkohl
1 Stange Porree
2 Scheiben magerer Räucherspeck
1 Lorbeerblatt

Fleisch in 2 cm große Würfel schneiden, mit Zitronensaft und gehackter Zitronenschale, Salz, Pfeffer, dem Thymian und Senf einige Stunden marinieren. Zerkleinertes Gemüse in den gewässerten Tontopf geben. Fleisch darauflegen, salzen, Speckscheiben und Lorbeerblatt dazugeben. Geschlossen in den kalten Backofen stellen und bei 250 Grad ca. 70 Minuten garen. Mit Worcestersoße abschmecken. Die Speckscheiben entfernen, Fleisch anrichten. Kräftiges Bauernbrot und Salat dazu reichen.

Rinder-Karbonaden

4 Portionen à 340 Kalorien

4 Rindersteaks (aus der Rinderhüfte geschnitten)
Salz, Pfeffer
4 große Zwiebeln
1/4 l dunkles Bier
1 Würfel Bratensaft
1 Lorbeerblatt
5–6 Pfefferkörner

Tontopf wässern. Steaks mit Salz und Pfeffer einreiben. Zwiebeln in Streifen schneiden und Bier, Bratensaft-Würfel, Lorbeerblatt und Pfefferkörner zugeben. Zugedeckt in den kalten Backofen stellen, auf 225 Grad einstellen und 1 1/2 Stunden garen. Soße durchpassieren, mit etwas Speisestärke binden. Als Beilagen passen dazu Kartoffelpüree, Salzkartoffeln, Risotto oder Teigwaren und Salat.

Schwedische Leberpastete

12 Portionen à 355 Kalorien

500 g Schweineleber
250 g fetter Speck
3 Zwiebeln
1 kleine Dose Sardellenfilets (50 g)
1 Eßlöffel Butter oder Margarine
3 gehäufte Eßlöffel Mehl
3 Eier, 1/4 l süße Sahne
1 Eßlöffel gehackte Petersilie
Salz, Pfeffer, Muskat

Tontopf wässern. Schweineleber enthäuten, Sehnen herausschneiden und ebenso wie Speck in grobe Stücke schneiden. Beides zweimal durch die feine Scheibe des Fleischwolfs drehen. Zwiebeln schälen und fein hakken. Sardellen hacken, Butter in einer Pfanne erhitzen, die Zwiebelwürfel darin glasig dünsten und abkühlen lassen. Zwiebeln mit durchgedrehtem Fleisch und Sardellen mischen und Mehl, Eier, Sahne und Petersilie darunterkneten. Den Fleischteig mit Salz, Pfeffer und Muskat pikant abschmecken. Wenig Salz verwenden, die Sardellen sind schon sehr scharf. Tontopf mit Alufolie auslegen, den Fleischteig hineinlegen, glattstreichen und den Deckel auflegen. In den kalten Backofen geben und bei 220 Grad etwa 1 1/2 Stunden garen.

Pastete in der Form erkalten lassen. Danach Form in heißes Wasser tauchen, stürzen und Pastete in gleichmäßige Scheiben schneiden. Mit Gurken- und Zwiebelscheiben sowie Paprikawürfeln garnieren. Beilage: Ausgehöhlte Äpfel, mit Preiselbeeren gefüllt.

Schollenfilets mit Champignons

Schollenfilets auf 4 Stück Alufolie geben, mit Zitronensaft beträufeln, salzen und pfeffern, etwas Tomatenketchup darübergeben und mit dünnen Champignonscheiben belegen. Über die Fische etwas Öl träufeln und die Folie fest verschließen. Mit dem Verschluß nach oben die Schollenfilets in dem auf 250 Grad vorgeheizten Backofen ca. 15–20 Minuten garen.

4 Portionen à 130 Kalorien

1 Paket tiefgekühlte Schollenfilets
etwas Zitronensaft
Salz, Pfeffer
2–3 Teelöffel Tomatenketchup
1 Dose Champignons
2 Eßlöffel Öl

Hacksteaks in Folie mit Currysoße

Bratwurstbrät mit Eiern und Gemüse mischen, 4 Steaks daraus formen. Reis 15 Minuten in Salzwasser kochen, abgießen und das Fett untermischen. Hacksteaks und Reis auf gefettete Alufolie setzen, diese gut verschließen und alles bei 250 Grad im vorgeheizten Backrohr ca. 20 Minuten garen. Dazu die nach Vorschrift bereitete Currysoße servieren.

4 Portionen à 800 Kalorien

2 Paar rohe Bratwürste
1 Tasse Gemüsereste, kleingewürfelt (Erbsen, Karotten, Blumenkohl, Bohnen), 2 Eier
2 Tassen Reis, Salz
2 Eßlöffel Butter oder Margarine
2 Beutel oder Päckchen Currysoße

Gespickte Schweinelende in Folie

Schweinelende enthäuten und mit Paprika- und Gurkenstreifen spicken, mit Salz und Pfeffer würzen und auf gefettete Alufolie legen. Die gefrorenen Bohnen und die oben eingeschnittenen Tomaten salzen, ebenfalls auf die Folie geben, Folie schließen und im vorgeheizten Backrohr bei 250 Grad ca. 30 Minuten garen. Unter die nach Vorschrift bereitete Bratensoße die restlichen Paprika- und Gurkenstreifen geben und Salzkartoffeln dazu servieren.

4 Portionen à 400 Kalorien

500 g Schweinelende
1 rote Paprikaschote
1 Essiggurke
Salz, Pfeffer, 2 Eßlöffel Butter oder Margarine
1 Paket tiefgekühlte Bohnen
4 Tomaten, 2 Beutel oder Päckchen Bratensoße

Forellen „Haushofmeister“ ▸

4 Portionen à 260 Kalorien

4 vorbereitete Forellen
1 Zitrone, Salz, Pfeffer
50 g Butter, 1 Eßlöffel gehackte Petersilie
je 1/2 Teelöffel Weinbrand und Worcestersoße

Forellen waschen und gut abtropfen lassen. Zitronen dick abschälen (auch die weiße Haut entfernen) und in Scheiben schneiden. Forellen innen und außen salzen und pfeffern. Auf gebutterte Alufolie (extra stark) geben und mit Zitronenscheiben belegen. Folie verschließen und an den Rändern gut zusammenkniffen. Im vorgeheizten Backofen bei 250 Grad ca. 25 Minuten garen. Geschmeidige Butter mit Petersilie, Salz, Pfeffer, Weinbrand und Worcestersoße verrühren. Forellen mit der Kräuterbutter, Petersilienkartoffeln und Gurkensalat servieren.

Eisbein mit Apfelsauerkraut

4 Portionen à 530 Kalorien

500 g Eisbein
je 1 Teelöffel Pfefferkörner und Wacholderbeeren
Salz, 1 Lorbeerblatt
750 g neues Sauerkraut (oder 1/1 Dose)
1/4 l Weißwein
1 Eßlöffel Butter oder Margarine
3 Äpfel

Tontopf wässern. Eisbein mit zerdrückten Pfefferkörnern, Wacholderbeeren, Salz und zerdrücktem Lorbeerblatt sorgfältig einreiben. Sauerkraut mit einer Gabel lockern, in den Tontopf geben und mit Weißwein übergießen. Eisbein einlegen und zudecken. In den kalten Backofen stellen, auf 200 Grad schalten und in 2 Stunden gar werden lassen. Apfelspalten in einem Topf mit Butter 2–3 Minuten dünsten und zuletzt unter das Sauerkraut mischen. Eisbein aufschneiden, auf dem Apfelsauerkraut anrichten und dazu Kartoffelpüree oder Salzkartoffeln reichen.

Riesling-Hähnchen in Alufolie ▸

4 Portionen à 420 Kalorien

1 Hähnchen (etwa 1000 g)
Salz, Pfeffer, Mehl
1 Knoblauchzehe
1 große Zwiebel oder 8 sehr kleine Zwiebeln
1/4 Dose Champignons
1/8 l saure Sahne
1 gehäufter Teelöffel Mehl
etwas gehackte Petersilie

Hähnchen vierteln, würzen und in Mehl wenden. Knoblauch fein hacken, Zwiebel schälen und grob würfeln, kleine Zwiebeln ganz verwenden. Eine feuerfeste Platte mit extra starker Aluminiumfolie belegen, Hähnchen daraufsetzen, mit Zwiebeln und Knoblauch bestreuen und abgetropfte Champignons zugeben. Champignonbrühe mit Sahne und Mehl verquirlen und um das Hähnchen gießen. Folie nach Vorschrift verschließen und an den Rändern gut zusammenkniffen, damit kein Fleischsaft herauslaufen kann. Im vorgeheizten Backofen bei 250 Grad ca. 70 Minuten garen. Zuletzt mit gehackter Petersilie bestreuen, Butternudeln und geriebenen Käse dazu servieren.

NELKEN

◀ Gefüllter Schinken in Folie

Brötchen in dünne Scheiben schneiden und mit heißer Milch überbrühen. Zwiebel und Speck fein würfeln. Speck ausbraten, Zwiebelwürfel darin gelb dünsten. Mit den Gewürzen, der gehackten Petersilie und dem Ei zu den Brötchenscheiben geben. Alles gut mischen. 1 Schinkenscheibe auf ein Stück extra starke Aluminiumfolie legen, Brötchenmasse daraufgeben und mit zweiter Schinkenscheibe bedecken. Mit Zucker bestreuen und mit Nelken bestecken. Alufolie überschlagen und an den Rändern gut umkniffen. Bei 250 Grad im vorgeheizten Backofen 20 Minuten garen. Extra bereitete Madeirasoße, Kartoffelpüree und grüne Erbsen dazu reichen.

4 Portionen à 340 Kalorien

2 dicke Scheiben gekochter Schinken (à 150 g)
1 altbackenes Brötchen
1/2 Tasse Milch
1 Zwiebel
25 g durchwachsener Räucherspeck, Pfeffer
1 Löffelspitze Thymian
1 Eßlöffel gehackte Petersilie, 1 Ei
1 Eßlöffel brauner Zucker
6–8 Nelken

Hammelfleisch mit weißen Bohnen

Bohnenkerne in abgekochtem, erkaltetem Wasser über Nacht einweichen. Tontopf wässern. Zwiebelwürfel und Speck hineingeben. Hammelfleisch in 4 cm große Stücke schneiden. Karotten- und Lauchscheiben und Selleriewürfel zugeben. Bohnen mit Flüssigkeit und Gewürzen beifügen und zugedeckt in den kalten Backofen stellen, auf 200 Grad stellen und 1 Stunde garen. Danach gewürfelte Kartoffeln, zerdrückten Knoblauch, Salz und Pfeffer beifügen, 40 Minuten weitergaren und zuletzt die gehackte Petersilie untermischen. Je nach Geschmack mit etwas Tomatenmark, Essig und Zucker abschmecken.

4 Portionen à 550 Kalorien

250 g weiße Bohnenkerne
3/4 l Wasser, 2 Zwiebeln
50 g Räucherspeck
375 g Hammelfleisch (-brust oder -schulter)
2 Karotten, 2 Stangen Lauch, 1/2 Sellerieknolle
Salz, Pfeffer
1 Lorbeerblatt, 2 Nelken
1/2 Teelöffel Thymian
2–3 Kartoffeln
2 Knoblauchzehen
2 Eßl. geh. Petersilie

◀ Kabeljau „Seemanns-Art" in Folie

Fisch in 4 Stücke schneiden und mit dem Saft von 1 Zitrone beträufeln. Muscheln bürsten, Bartbüschel entfernen. Eine feuerfeste Platte mit extra starker Alufolie auslegen. Die Fischstücke daraufsetzen und mit Muscheln umlegen. Zwiebeln fein würfeln und mit gemahlenem Pfeffer überstreuen. Nur die Fischstücke leicht salzen. Einige Zitronenscheiben dazwischenstecken. Mit Wein übergießen und Folie sorgfältig überschlagen, im vorgeheizten Backofen bei 225 Grad ca. 30 Minuten garen. Weißbrot dazu reichen.

4 Portionen à 140 Kalorien

600 g Kabeljau, 2 Zitronen
1 kg frische Miesmuscheln
2 Zwiebeln, Pfeffer, Salz
1 Weinglas Weißwein

Überbackene Meeresfrüchte

4 Portionen à 310 Kalorien

1 Dose Krabben, ca. 200 g
1 Dose Muscheln in Salzwasser, ca. 200 g
1/4 Dose Champignons
1 Zwiebel
1 Knoblauchzehe
1 Eßlöffel Butter
1 Likörglas Cognac oder Weinbrand
Saft von 1/2 Zitrone
Pfeffer, 1/8 l süße Sahne
2 Teelöffel Speisestärke
1 Eigelb
1 Eßlöffel Paniermehl
1 Eßlöffel Butter

Krabben, Muscheln und Champignons abtropfen lassen. Champignons in Scheiben schneiden. Gehackte Zwiebel und Knoblauch in Fett andünsten. Krabben, Muscheln und Champignons zugeben und nur 1 Minute schnell erhitzen. Mit Cognac oder Weinbrand ablöschen, anzünden und die Flamme durch Auflegen des Deckels löschen. Zitronensaft, Pfeffer, süße Sahne und Speisestärke mit Eigelb verrühren, zu den Meeresfrüchten geben, einmal aufkochen lassen und pikant abschmecken. Das Ragout in 4 Muschelschalen verteilen, mit Paniermehl bestreuen, mit zerlassenem Fett beträufeln und im Backrohr bei Oberhitze goldbraun überbacken. Nach Belieben frisch gekochten Reis oder geröstetes Weißbrot dazu servieren.

Tip: *Der Handel bezeichnet mit „Krabben“ die zu den Langschwanzkrebsen gehörenden Garnelen. „Krabben“ gibt es frisch in Dosen, tiefgefroren und gefriergetrocknet.*

Überbackenes Fischfilet

4 Portionen à 405 Kalorien

750 g Kabeljaufilet
Salz, Pfeffer
etwa 2 Eßlöffel Butter oder Margarine
1/4 l Weißwein
1 Zwiebel, 1 Knoblauchzehe
2 Scheiben Toastbrot
100 g Edamer Käse
1 Teelöffel gehackter Dill

Fischfilet waschen, in 4 Stücke schneiden und mit Salz und Pfeffer einreiben. Eine flache Auflaufform mit Butter oder Margarine ausfetten. Fisch hineinlegen und mit Weißwein übergießen, zudecken und etwa 8 Minuten dünsten. Inzwischen Zwiebel und Knoblauchzehe schälen, fein hacken und mit etwa 2 Eßlöffel Butter oder Margarine in einer Pfanne gelb dünsten. Das Toastbrot entrinden und im Mixer zerkleinern, den Käse fein reiben. Brotbrösel, Käse und Dill in die Pfanne geben, alles miteinander verrühren und auf die heißen Fischstücke verteilen. Die Form in die auf 200 Grad vorgeheizte Backröhre stellen und das Gericht überbacken, bis der Käse goldbraun ist.

Gratinierter Schellfisch mit Muscheln

Schellfisch waschen, abtrocknen und in Portionsstücke schneiden. Eine feuerfeste Platte mit Butter oder Margarine ausstreichen. Mit feingehackten Zwiebeln bestreuen. Fischfilet darauflegen, salzen, pfeffern, mit Zitronensaft beträufeln. Muscheln mit der Brühe, Sahne und Weißwein zugeben, mit Alufolie abdecken und in der vorgeheizten Backröhre bei 200 Grad ca. 20 Minuten dünsten. Die Fischbrühe abgießen, das geschmeidige Fett mit Mehl verrühren, die Fischbrühe aufkochen, damit binden und etwas geriebenen Käse untermischen. Aus Kartoffelpüreepulver oder -flocken mit 1/2 l Flüssigkeit Kartoffelpüree bereiten und damit um den Fisch einen Rand spritzen. Fisch mit der Soße übergießen. Fisch und Kartoffelrand gut mit geriebenem Käse bestreuen, mit etwas zerlassenem Fett beträufeln und bei Oberhitze ca. 5 Minuten goldbraun überbacken. Nach Belieben zuletzt mit roten Paprikastreifen garnieren und sofort servieren.

4 Portionen à 550 Kalorien

1 kg Schellfischfilet
1 Teelöffel Butter oder Margarine
1 Zwiebel, Salz, Pfeffer
Saft von 1/2 Zitrone
1 Glas Muscheln in Salzwasser
1/8 l süße Sahne
1/8 l Weißwein
1 Eßlöffel Butter oder Margarine
1 Eßlöffel Mehl
geriebener Käse, 1 Paket Kartoffelpüreepulver oder -flocken

Tip: *Die Miesmuschel ist die bei uns bekannteste eßbare Muschel. Frisch wird sie vom Herbst bis zum Frühjahr angeboten. Konserviert ist sie in Salzwasser gekocht oder in einer Marinade aus Essig erhältlich.*

Überbackene Heringsfilets

Salzheringe enthäuten und entgräten. 1–2 Stunden wässern, danach ebenso lange in die Milch legen. Die gepellten Kartoffeln in Scheiben schneiden. Zwiebelstreifen im Fett gelblich werden lassen, Kartoffeln zugeben und vermischen. In ein feuerfestes Geschirr geben, darauf die in breite Streifen geschnittenen Heringsfilets setzen, mit Käse überstreuen, mit Fett beträufeln. Im vorgeheizten Backofen bei 200 Grad ca. 25 Minuten backen. Mit Salat servieren.

4 Portionen à 490 Kalorien

4 große Salzheringe
1/4 l Milch, 1 kg frisch gekochte Pellkartoffeln
4 Zwiebeln
2 Eßlöffel Butter oder Margarine
1 Beutel geriebener Käse

Forellen in Crêpes

4 Portionen à 460 Kalorien

4 Forellen (am Vortag geschlachtet, damit sie sich nicht krümmen), Salz
Pfeffer, 1 Teelöffel Thymian
1/2 Teelöffel Rosmarin
1 Löffelspitze Zwiebelpulver, etwas Weinbrand
Für die Crêpes:
75 g Mehl, 3 Eier
1/8 l Milch
2 Eßlöffel Butter
4 Scheiben durchwachsener Räucherspeck

Forellen vom Rücken her die Mittelgräten herauslösen, innen salzen, pfeffern und mit Thymian, Rosmarin und Zwiebelpulver bestreuen. Mit etwas Weinbrand beträufeln. Außen leicht salzen und pfeffern. Mehl, Eier, Milch und wenig Salz verquirlen und in der Butter 4 Pfannkuchen braten. Forellen in Pfannkuchen einrollen, mit Speckscheiben belegen und mit Holzspießchen feststecken. Auf feuerfeste Platte legen, mit Alufolie bedecken und in den vorgeheizten Backofen bei 200 Grad schieben. 30 Minuten garen, die letzten 10 Minuten ohne Folie. Mit Zitronenspalten garnieren und gemischten Salat dazu reichen.
Übrigens: Das Fleisch von Forellen ist in den Monaten Mai, Juni und Juli am zartesten und schmackhaftesten. Die Forelle gilt als Fischspezialität von besonderer Delikatesse. Da sie sich nur kurze Zeit hält, sollte sie ganz frisch gekauft und sofort zubereitet werden.

Tip: *Crêpes nennt man in Frankreich hauchdünne, in Butter gebratene Eierkuchen, die mit einer süßen oder pikanten Füllung serviert werden.*

Schollen mit Parmesan

4 Portionen à 330 Kalorien

2 Schollen à ca. 600 g
Saft von 1/2 Zitrone
Salz, Pfeffer, Instant-Mehl
3 Eßlöffel Butter oder Margarine
einige Tropfen Zwiebel-Flüssigwürze
75 g geriebener Parmesan-Käse
1 Teelöffel Edelsüß-Paprika

Schollen waschen, mit Zitronensaft beträufeln und 15 Minuten marinieren lassen. Danach salzen und pfeffern. In einer feuerfesten Platte Butter oder Margarine zerlassen, mit Mehl bestäubte Schollen hineinlegen, wenden und im vorgeheizten Backofen bei 225 Grad ca. 30 Minuten garen. 10 Minuten vor Ende der Garzeit mit Zwiebel-Flüssigwürze beträufeln und mit Parmesan-Käse, vermischt mit Paprika, bestreuen, mehrmals mit dem Bratfett übergießen. Kurz gebratene Salzkartoffeln und Gurkensalat dazu reichen.

Schollenfilets auf Fenchel

Schollenfilets antauen lassen, mit Zitronensaft, Worcestersoße und Weißwein beträufeln und 15 Minuten marinieren. Die Fenchelknollen in Streifen schneiden. Zwiebelwürfel in 2 Eßlöffel Fett gelb dünsten, Fenchel zugeben, mit Salz, Pfeffer, Streuwürze, Zucker und Anisschnaps würzen und mit 1/2 Tasse Wasser einmal aufkochen. Auf eine feuerfeste Platte geben. Fischfilets salzen, auf den Fenchel legen. Käse, Semmelbrösel und Paprika mischen. Fischfilets damit bestreuen und restliche Butter- oder Margarineflöckchen daraufgeben. Im vorgeheizten Backofen bei 200 Grad 30 Minuten garen. Die ersten 20 Minuten mit Alufolie abdecken. Zuletzt mit gehacktem Fenchelkraut bestreuen. Dazu Reis servieren.

4 Portionen à 370 Kalorien

2 Päckchen gefrorene Schollenfilets
Saft von 1/2 Zitrone
1 Teelöffel Worcestersoße
2 Eßlöffel Weißwein
3 Fenchelknollen
1 Zwiebel
4 Eßlöffel Butter oder Margarine
Salz, Pfeffer
1 Teelöffel Aromat oder Fondor
1 Prise Zucker
1 Likörglas Anisschnaps
75 g geriebener Tilsiter Käse
1 Eßlöffel Semmelbrösel
1/2 Teelöffel Rosen-Paprika

Tip: *Falls Sie für das Tintenfischragout Tintenfische aus der Dose verwenden, fügen Sie sie dem Gericht zuletzt hinzu, ehe Sie es in den Backofen schieben und schmoren lassen.*

Tintenfischragout

Tintenfische vorbereiten: Kopf vom Körper trennen, Rückenschild und Kopfteil mit Augen entfernen. Gut waschen und in 2 cm dicke Ringe schneiden. In Salzwasser 30 Minuten kochen, abgießen. Zwiebeln und Knoblauch schälen und hacken. In Öl und Butter gelb dünsten, Tintenfische zugeben, erhitzen, Weinbrand zugießen, anzünden (Achtung, hohe Flamme!) und abbrennen lassen. Tomaten, Thymian und Weißwein zugeben, aufkochen. Mit Alufolie abgedeckt im auf 200 Grad vorgeheizten Backofen ca. 30 Minuten schmoren. Zuletzt mit gehackter Petersilie bestreuen. Kernig gekochten Reis dazu reichen.

4 Portionen à 425 Kalorien

1 kg kleine Tintenfische
Salz, 3 Zwiebeln
1 Knoblauchzehe
2 Eßlöffel Öl
1 Eßlöffel Butter
3 Likörgläser Weinbrand
1/1 Dose geschälte Tomaten
1/2 Teelöffel Thymian
1 Weinglas Weißwein
etwas gehackte Petersilie

Fischfilet mit Tomaten

4 Portionen à 100 Kalorien

1 Paket (400 g) gefrorenes Fischfilet
Saft von 1/2 Zitrone
1 gestrichener Teelöffel Aromat oder Fondor
1/2 Bund gehackte Petersilie, Salz, Pfeffer
1 Eßlöffel Butter oder Margarine
1/2 Dose geschälte Tomaten
1/2 Teelöffel Zwiebelpulver
1/2 Teelöffel Thymian
1 Teelöffel Paprika
2 gehäufte Teelöffel Instant-Bratensoße
1 Prise Zucker

Fischfilet mit Zitronensaft, Aromat oder Fondor, Petersilie, Salz und Pfeffer würzen und 1 Stunde antauen lassen. Feuerfeste, tiefe Platte ausfetten. Fisch mit Marinade hineinlegen. Tomaten mit Zwiebelpulver, Thymian, Paprika, Bratensoßenpulver, Zucker und Salz würzen und den Fisch damit umgießen. Im vorgeheizten Backofen bei 200 Grad 35 Minuten garen. Kartoffelpüree dazu reichen.

Tip: *Verwenden Sie für den Teig des Fischkuchens auf jeden Fall Eiswasser (Wasser, das durch Eiswürfel gekühlt wurde), sonst wird der Teig beim Backen nicht richtig knusprig.*

Fischkuchen

4 Portionen à 650 Kalorien

Für den Teig:
200 g Mehl,
125 g Butter
1/2 Tasse Eiswasser
Für die Füllung:
1 Eßlöffel Butter oder Margarine, 1 Zwiebel
1 Paket tiefgekühlte Schollenfilets
1/4 Dose Hummer
1/2 Dose Champignons
1/5 l Weißwein, Salz
1/8 l saure Sahne
2 Eigelb, 2 Eßlöffel Mehl
Saft von 1/2 Zitrone
Cayennepfeffer

Gesiebtes Mehl mit in kleine Stücke geschnittenem Fett vermengen, Eiswasser zugeben und kurz verkneten. 1/2 Stunde kalt stellen. Teig zu 2 Platten ausrollen. Eine runde Kuchenform mit einem der Teigböden auslegen. Einen Topf mit dem Fett ausreiben, gehackte Zwiebeln zugeben, die Schollenfilets einlegen und mit Hummer- und Champignonbrühe sowie Weißwein auffüllen, salzen und zugedeckt ca. 5 Minuten dünsten. Zuletzt den in Stücke geschnittenen Hummer und die gewürfelten Champignons zugeben und 1 Minute erhitzen. Die Sahne mit Eigelb, Mehl und Zitronensaft verrühren. Die Fischbrühe abgießen, Sahne damit binden und einmal kurz aufkochen. Die gut abgetropften Schollenfilets, Hummer und Champignons in die Kuchenform geben, die abgekühlte Soße daraufgeben und den Pie mit einem Teigdeckel bedecken und bei 200 Grad ca. 35 Minuten backen. Deckel mit Eigelb oder Kondensmilch bepinseln. Dazu paßt grüner Salat.

Schollenröllchen mit Spargel

Fisch auftauen lassen und Spargelspitzen in die Schollenfilets einrollen. Ein großes Stück Alufolie (extra stark) einfetten, die Ränder hochstellen, Reis, Wasser, Aromat oder Fondor und die Schollenröllchen hineingeben, mit Zitronensaft beträufeln und leicht salzen. Die Alufolie schließen und in der vorgeheizten Backröhre bei 200 Grad ca. 30 Minuten garen. Aus Spargelbrühe, Sahne, Weißwein und Speisestärke eine helle Soße bereiten, Dill dazugeben und die gegarten Schollenröllchen damit übergießen.

4 Portionen à 430 Kalorien

1 Paket Tieffrost-Schollenfilets, 1/2 Dose Spargelspitzen
1 Eßlöffel Butter
2 Tassen 5-Minuten-Reis
2 Tassen Wasser
1/2 Teel. Aromat
Saft von 1/2 Zitrone
Salz, 1/8 l süße Sahne
1/8 l Weißwein
1/2 Eßlöffel Speisestärke
1 Eßl. geschnittener Dill

Überbackener Stockfisch mit Reis

Stockfisch (ca. 20–24 Stunden) in kaltem Wasser aufquellen lassen. Danach enthäuten, Gräten entfernen, in der erhitzten Milch 5 Minuten ziehen lassen und herausnehmen. Reis mit Fleischbrühe und der vom Fisch abgegossenen Milch auffüllen, zugedeckt 20 Minuten auf kleiner Flamme kochen lassen. Zwiebelwürfel im Fett hellgelb andünsten, gegarten Reis, in Stücke gepflückten Stockfisch und zuletzt 2 Eigelb, geriebenen Käse, Salz und Pfeffer zugeben und alles gut mischen. Die Masse in eine längliche, ausgefettete, mit Bröseln ausgestreute Kastenform geben und im vorgeheizten Backrohr im Wasserbad 1/2 Stunde bei ca. 180 Grad garen. Fischpudding danach auf eine feuerfeste Platte stürzen, mit etwas geriebenem Käse bestreuen, in der Röhre ca. 5 Minuten braun überbacken und mit zerlassener Butter und Petersilienkartoffeln sowie Gurkensalat servieren.

4 Portionen à 580 Kalorien

250 g Stockfisch
2 Tassen Milch
2 Tassen Reis
2 Tassen Fleischbrühe (Würfel), 2 Zwiebeln
2 Eßlöffel Butter oder Margarine, 2 Eigelb
2 Eßlöffel geriebener Käse
Salz, Pfeffer

Tip: *Stockfisch ist getrockneter, ungesalzener Kabeljau. Der Fischhändler wässert den Stockfisch manchmal selbst, dann muß man für die obige Zubereitung ca. 1 kg Fisch verwenden.*

Schellfisch „Provençale“

4 Portionen à 440 Kalorien

1 kg Schellfisch (Schwanzstück)
1 Likörglas Anisschnaps
1 Likörglas Weinbrand
750 g kleine Kartoffeln
Salz, Pfeffer
2 Zwiebeln oder
4 Schalotten
2 Knoblauchzehen
2 Eßlöffel Butter oder Margarine
2 Eßlöffel Olivenöl
1/2 Bund Petersilie
1 Teelöffel Thymian
etwas Zitronensaft

Schellfisch waschen und in Anisschnaps und Weinbrand 20 Minuten einlegen. Kartoffeln schälen, in Salzwasser 20 Minuten kochen, abgießen und sofort salzen und pfeffern. Zwiebeln und Knoblauch fein hacken. Fisch salzen und pfeffern. In eine feuerfeste Platte setzen, mit Kartoffeln umlegen. Fettflocken und Öl darübergeben und im vorgeheizten Backofen bei 200 Grad ca. 20 Minuten garen. Danach mit Zwiebeln, Knoblauch, gehackter Petersilie und Thymian bestreuen und noch 15 Minuten garen. Zuletzt mit Zitronensaft beträufeln. Endiviensalat dazu reichen.

Tip: *Schellfisch „Provençale“ mit Tomaten: 15 Minuten vor dem Ende der Garzeit einige gesalzene und gepfefferte, mit Öl bestrichene Tomaten um den Fisch legen und mitgaren.*

Paprika-Karpfen

4 Portionen à 405 Kalorien

ca. 1 kg Karpfen (längs halbiert)
Salz
2 Teelöffel Edelsüß-Paprika
2 grüne und 2 rote Paprikaschoten
75 g durchwachsener Räucherspeck, 2 Zwiebeln
1/8 l Rotwein
1 Teelöffel Tomatenmark
1/8 l saure Sahne

Karpfen waschen, trockentupfen und mit Salz und 1 Teelöffel Paprika gut einreiben. Die Paprikaschoten vierteln, entkernen und in Streifen schneiden. Speck in Würfel schneiden, Zwiebeln fein hacken. Speckwürfel in einer Kasserolle auslassen, Zwiebeln und Paprika darin 3 Minuten dünsten, dann den Karpfen darauflegen. Restlichen Paprika, Rotwein, Tomatenmark und Sahne verquirlen, um den Karpfen gießen, mit Folie abdecken, im vorgeheizten Backofen bei 200 Grad 40 Minuten garen. Folie 5 Minuten vor Ende der Garzeit abnehmen. Karpfen anrichten, Soße nach Belieben mit etwas Instant-Bratensoße binden. Kartoffelpüree dazu reichen.

Übrigens: Karpfen gehören zu den fettreichen Fischen. Am besten schmeckt das Fleisch von zwei- bis dreijährigen Zuchtkarpfen, die bis zu zwei Kilogramm wiegen.

Hering-Kasserolle

Heringe schuppen, ausnehmen, waschen und Gräten herausschneiden, so daß nur noch die Filets übrigbleiben. Innenseiten der Filets leicht salzen. Fett mit Meerrettich verrühren, Innenseite der Heringsfilets damit bestreichen, zusammenrollen und mit einem Holzspießchen zusammenstecken. Tomaten im Mixer pürieren, Sahne, Speisestärke und Aromat oder Fondor untermischen, in ein feuerfestes Gefäß geben. Heringsröllchen einsetzen, mit geriebenem Käse bestreuen, mit Butter oder Margarine beträufeln und bei 200 Grad ca. 35 Minuten garen. Als Beilagen Salzkartoffeln, Kartoffelpüree oder Reis reichen.

4 Portionen à 590 Kalorien

6 grüne Heringe, Salz
2 Eßlöffel Butter oder Margarine
1 Eßlöffel geriebener Meerrettich
1/2 Dose geschälte Tomaten, 1/4 l saure Sahne
1 Teelöffel Speisestärke
1/2 Teelöffel Aromat oder Fondor
2 Eßlöffel geriebener Käse
1 Teelöffel Butter oder Margarine

Kabeljau „Duxelles"

Den Kabeljau waschen, mit Zitronensaft beträufeln. Champignons putzen, waschen, kleinhacken. Zwiebelwürfel in Fett 1 Minute dünsten, Pilze zugeben, salzen, pfeffern und trockendünsten. Kabeljau salzen, pfeffern, in feuerfeste Form legen. Speckstreifen längs darauflegen, mit Holzspießchen feststecken. Weißwein zugießen. Im vorgeheizten Backofen bei 180 Grad 40 Minuten dünsten. Herausnehmen und die Pilze darumlegen. In der feuerfesten Form servieren.
Beilagen: Weißbrot und Feldsalat, mit Zitronensaft, Salz, Pfeffer und Zwiebelwürfeln angemacht.
Übrigens: Mit „Duxelles" bezeichnet man in Frankreich ein Gericht aus gehackten Champignons, die mit Zwiebeln oder Schalotten trockengedünstet und mit Salz und Pfeffer gewürzt werden. Verwendbar dabei sind frische helle Pilze oder auch dunkle, ältere. Letztere würzen besonders aromatisch. Die Pilzmischung schmeckt zu allen Füllungen (Pasteten, Kalbsbrust, Hackbraten), aber auch in Verbindung mit Hackfleisch. Sie dient auch als Unterlage für gedünsteten Fisch oder zum Überbacken von Fleischgerichten.

4 Portionen à 208 Kalorien

1 kg Kabeljau
Saft von 1/2 Zitrone
250 g frische Champignons
1 Zwiebel
1 Teelöffel Butter, Salz
grobgemahlener weißer Pfeffer
2 Scheiben durchwachsener Räucherspeck
1 Weinglas Weißwein

Überbackene Schellfischfilets

4 Portionen à 605 Kalorien

1 kg Schellfischfilet
Salz, Pfeffer
1 Eßlöffel Mehl
1/3 Tasse Öl
1 Eßlöffel Butter
Für den Tomatenreis:
1 kleine Zwiebel
5 Eßlöffel Öl
1 Eßlöffel Tomatenmark
2 Tassen Reis
3 1/2 Tassen Wasser
8 Tomaten, 2 Käsescheiben

Das gewaschene, in Portionsstücke geschnittene Filet mit Salz und Pfeffer würzen und mit Mehl bestäuben. Fisch in einer Pfanne mit heißem Öl und wenig Butter braten und auf einer Platte anrichten.
Für den Tomatenreis: Zwiebelwürfel in wenig Öl anschwitzen, Tomatenmark zugeben und alles mit Reis verrühren. Reis mit Wasser auffüllen, mit Salz und Pfeffer würzen und zugedeckt 18 Minuten garen. Filets mit je 2 abgezogenen, gedünsteten Tomaten und dem mit einem Löffel geformten Reis umlegen. Mit Käsestückchen belegen und im 180 Grad heißen Backrohr so lange überbacken, bis der Käse schmilzt.

Geschmorter Aal

4 Portionen à 580 Kalorien

1 kg kochfertig vorbereiteter Aal, Salz
1/2 l Wasser
1 Eßlöffel Butter
Saft von 1 Zitrone
2–3 Eßlöffel Semmelbrösel

Backofen auf 180 Grad vorheizen. Aal in Stücke schneiden und salzen. In eine feuerfeste Schüssel geben, Wasser dazugießen und Butter und Zitronensaft darauf verteilen. Semmelbrösel darüberstreuen und den Fisch im vorgeheizten Backofen 45 Minuten garen lassen. Mit Brot servieren.

Bücklingstoast „Hawaii"

4 Portionen à 680 Kalorien

4 Bücklinge
1 grüne Paprikaschote
4 Scheiben Bauernbrot
Butter oder Margarine
1 Paket Käse in Scheiben (250 g), 4 Scheiben Ananas

Die Bücklinge vorsichtig enthäuten, auseinanderklappen und entgräten. Eingeweide und Kopf dabei entfernen. Dann die Paprikaschote vierteln, entkernen, waschen und in 1/3 cm große Würfel schneiden. Das Bauernbrot mit Butter oder Margarine bestreichen und mit Käsescheiben belegen. Die Bücklingsfilets darauflegen und darüber die Ananasscheiben. Unter dem Grill oder im heißen Backofen 4–5 Minuten erhitzen. Dann anrichten, mit Paprikawürfeln bestreuen und mit Perlzwiebeln oder Mixed Pickles garnieren. Eventuell noch ein paar Tomatenschnitze dazulegen.

Gespickter Hecht

Speck in lange, dünne Streifen schneiden und mit der Spicknadel den gut ausgewaschenen Hecht spikken. Mit Salz und Pfeffer würzen, in eine Pfanne geben, mit Öl bestreichen, bei ca. 225 Grad 30 Minuten braten. Dabei einige Male übergießen. Den gegarten Hecht mit saurer Sahne übergießen, mit Paprika bestäuben und noch ca. 5 Minuten in der Backröhre überbacken. Der Hecht kann auch mit Speckscheiben belegt und mit Garn umwickelt und wie oben angegeben gegart werden. Mit Salzkartoffeln reichen.

4 Portionen à 360 Kalorien

1 kg frischer Hecht, ausgenommen und enthäutet
50 g fetter geräucherter Speck, Salz, Pfeffer
2 Eßlöffel Öl
1/8 l saure Sahne
etwas Paprika

Tip: *Hechte mit 1–2 kg Lebendgewicht sind am schmackhaftesten. Darauf sollten Sie beim Kauf in jedem Fall achten!*

Fisch-Pie

Das gesiebte Mehl mit dem in kleine Stücke geschnittenen Fett gut vermengen und das durch Eiswürfel gekühlte Wasser zugießen, kurz verkneten und für 1/2 Stunde kalt stellen. Den Teig zu 2 Platten ausrollen, eine kleine runde Kuchenform mit einem der Teigböden belegen.
Füllung: Zwiebelwürfel in Fett gelblich werden lassen, mit Weißwein, Fischbrühe und Krabbenbrühe ablöschen, die Sahne mit Mehl und Eigelb verrühren, die Fischbrühe damit binden und 5 Minuten kochen lassen. In diese Soße die in Scheiben geschnittenen Fischbällchen und die Krabben geben und pikant mit Pfeffer, Salz und Zitronensaft abschmecken. Dieses Fischragout erkaltet in die Kuchenform füllen, mit dem Teigdeckel belegen, gut andrücken und mit etwas Kondensmilch bestreichen. In der heißen Backröhre bei 200 Grad ca. 35 Minuten backen. Den Fisch-Pie mit viel grünem Salat servieren.

4 Portionen à 760 Kalorien

Zutaten für den Teig:
200 g Mehl, 125 g Butter oder Margarine
1/2 Tasse Eiswasser
Zutaten für die Füllung:
1 Zwiebel
1 Eßlöffel Butter oder Margarine
1/1 Dose norwegische Fischbällchen
1/4 Dose Krabben
1/8 l Weißwein
1/8 l süße Sahne
2 Eßlöffel Mehl
2 Eigelb, Pfeffer, Salz
Saft von 1/2 Zitrone

Gebratene Maischollen ▸

4 Portionen à 360 Kalorien

4 frische Schollen
2 Zitronen, Salz, Mehl
6 Eßlöffel Pflanzenöl
1 Eßlöffel Butter oder Margarine
1/4 Dose (110–120 g) Krabben
etwa 1/2 Bund Kerbel

Vorbereitete Schollen mit Saft von 1 Zitrone und Salz 10 Minuten marinieren. Backofen auf 225 Grad erhitzen, Schollen in Mehl wenden und in der Fettpfanne im heißen Öl auf jeder Seite 6 Minuten braten. Vorsichtig wenden! Butter in einer Pfanne aufschäumen lassen, Krabben kurz darin erhitzen und über die angerichteten Schollen geben. Mit Zitronenscheiben und Kerbel garnieren. Dazu Kartoffeln und grüner Salat.

Jakobsmuscheln überbacken

4 Portionen à 130 Kalorien

1 Paket Tiefkühl-Jakobsmuscheln oder Scallops, 1 Zwiebel gewürfelt
1 Eßlöffel Butter
1/8 Dose Champignons
1/3 Weinglas Weißwein
2–3 Eßlöffel saure Sahne
1–2 Teelöffel Speisestärke
Salz, Paprika
2 Eßlöffel geriebener Käse

Zwiebeln in Fett hell dünsten, in Scheiben geschnittene Champignons mit Brühe und Weißwein zugeben, Muscheln beifügen und zugedeckt ca. 5 Minuten dünsten. Sahne mit Speisestärke verrühren, zugeben, mit Salz und scharfem Paprika abschmecken. In 4 Muschelschalen verteilen, mit Käse bestreuen, goldbraun überbacken. Mit frischem Stangenweißbrot oder Toast und Butterröllchen servieren.

Forellen auf „Bozener Art" ▸

4 Portionen à 260 Kalorien

4 frische, ausgenommene Forellen, Salz, Pfeffer
2 Zwiebeln
1 Eßlöffel Margarine
Saft von 1 Zitrone
1/8 l Weißwein
2 Eßlöffel süße Sahne
1 Eigelb
1/2 Bund Petersilie
2 Essiggurken
1 Eßlöffel Kapern
4 Sardellenfilets

Die ausgenommenen Forellen waschen (die Flossen sorgfältig abschneiden), mit Salz und Pfeffer würzen. Die Zwiebeln schälen und fein würfeln oder in dünne Ringe schneiden, eine flache feuerfeste Schüssel mit Margarine bestreichen. Zwiebelwürfel oder -ringe einstreuen und die Forellen darauflegen. Mit Zitronensaft und dem herben Weißwein begießen. Mit Alufolie abdecken und im Backofen bei 180 Grad 30 Minuten dünsten. Sahne und Eigelb verquirlen und die Forellenbrühe damit binden. Dann mit gehackter Petersilie und Gurke bestreuen und mit Kapern und Sardellenfilets garnieren. Als Beilagen Salzkartoffeln servieren.

Heilbutt überbacken

Zwiebel schälen und fein hacken. Dill waschen und fein schneiden. Feuerfeste Platte ausfetten, mit den gehackten Zwiebeln bestreuen, den aufgetauten Fisch hineinlegen, salzen, pfeffern und mit Wein begießen. Zugedeckt in den auf 200 Grad vorgeheizten Backofen stellen und 12 Minuten dünsten. Shrimps oder Krabben mit der Brühe dazugeben und 1 Minute erhitzen. Fisch und Krabben oder Shrimps auf eine feuerfeste Platte legen. Milch mit Eigelb, Worcestersoße, Zitronensaft und Speisestärke verquirlen, zum Sud rühren und aufkochen. Über den Fisch gießen, mit dem Käse bestreuen und kurz überbacken.

Tip: *Verwenden Sie eine hübsche, feuerfeste Form, in der Sie den Heilbutt gleich auf den Tisch bringen, damit er nichts an Aroma einbüßt.*

---

4 Portionen à 400 Kalorien

4 Scheiben tiefgekühlter Heilbutt à 200 g
1 Zwiebel, 1/2 Bund Dill
2 Eßlöffel Butter oder Margarine
Salz, Pfeffer
1/8 l Weißwein
1/4 Dose Shrimps oder Krabben
1/8 l Milch
2 Eigelb
1 Teelöffel Worcestersoße
Saft von 1/2 Zitrone
1 gehäufter Teelöffel Speisestärke
2 Eßlöffel geriebener Käse

Fischsoufflé

Fischfilet in grobe Würfel schneiden, salzen, pfeffern und mit Zitronensaft beträufeln. Feingeschnittene Zwiebel in der Margarine andünsten, Fischwürfel zugeben, mit Weißwein auffüllen und Champignons unterheben. Alles in etwa 15 Minuten gar ziehen lassen. Gegarten Fisch aus der Brühe heben und abtropfen lassen. Mehl in Fett anschwitzen. Eiweiß mit Salz und Zitronensaft steifschlagen. Fischfond in die Mehlbutter rühren, aufkochen lassen. Fischwürfel in die Soße geben und zuletzt den Eischnee vorsichtig unterheben. Eine feuerfeste, gefettete Form mit Kartoffelbrei ausstreichen, darauf die Fischmasse füllen, mit restlichem Kartoffelbrei einen Rand um die Form spritzen, mit Käse bestreuen und im auf 180 Grad vorgeheizten Backofen 10–15 Minuten überbacken.

Tip: *Das fertige Fischsoufflé sollte sofort serviert werden. Durch längeres Stehen verliert es seine lockere Konsistenz.*

---

4 Portionen à 480 Kalorien

600 g Fischfilet
Salz, Pfeffer
etwas Zitronensaft
1 kleine Zwiebel
2 Eßlöffel Margarine
1/2 l Weißwein
1 kleine Dose Champignons, 40 g Mehl, 40 g Fett
2 Eiweiß, 1 Prise Salz
einige Tropfen Zitronensaft, Kartoffelbrei aus:
250 g Kartoffeln
2 Eßlöffel geriebener Käse

Fisch-Pie mit Hummer

4 Portionen à 690 Kalorien

Teig wie bei Rezept Fisch-Pie von Seite 121
Zutaten für die Füllung:
1 Eßlöffel Butter oder Margarine
1 Zwiebel
1 Paket Schollenfilets (Tiefkühlware)
1/4 Dose Hummer
1/2 Dose Champignons
1/8 l Weißwein, Salz
1/8 l saure Sahne
2 Eigelb, 2 Eßlöffel Mehl
Saft von 1/2 Zitrone
Cayennepfeffer

Teig bereiten wie in Rezept Fisch-Pie (S. 121) und Form auslegen. Ein Gefäß mit dem Fett ausreiben, gehackte Zwiebel zugeben, die Schollenfilets einlegen und mit Hummer- und Champignonbrühe sowie Weißwein auffüllen, salzen und zugedeckt ca. 5 Minuten dünsten. Zuletzt den in Stücke geschnittenen Hummer und die geteilten Champignons zugeben und 1 Minute erhitzen. Die Sahne mit Eigelb, Mehl und Zitronensaft verrühren. Die Fischbrühe abgießen, mit dieser Sahne binden und einmal kurz aufkochen. Die mit dem Teig ausgelegte Kuchenform mit den gut abgetropften Schollenfilets, Hummer und Champignons belegen, die abgekühlte Soße daraufgeben und den Pie mit einem Teigdeckel verschließen. Bei 200 Grad ca. 35 Minuten backen, zuvor mit verrührtem Eigelb oder Kondensmilch bepinseln.

Tip: *„Pirogge" kommt aus dem Russischen und ist die Bezeichnung für eine Art Pastete.*

Große Thunfischpirogge

4 Portionen à 550 Kalorien

300 g tiefgekühlter Blätterteig
1 Tasse gekochter Reis
1 Dose Thunfisch (200 g)
Zwiebelpulver
1/4 l saure Sahne
1 rote Paprikaschote
3 hartgekochte Eier
1 Gläschen Kapern (30 g)
Salz, Pfeffer, 1 Ei

Blätterteig auf leicht bemehlter Arbeitsplatte zu einem 3–5 mm dicken Rechteck auswellen. Danach die Teigplatte längs halbieren. Nun den Reis auf eine Teigplatte verteilen und dabei ringsum einen Rand frei lassen. Den Thunfisch mit einer Gabel etwas zerpflücken und mit dem Öl auf den Reis geben. Mit Zwiebelpulver würzen und dann Sahne darübergießen. Paprikaschote waschen, entkernen, fein würfeln und Eier in Scheiben schneiden. Nun Kapern und Paprikawürfel auf die Füllung geben und Eischeiben darauflegen. Salzen, pfeffern und zuletzt mit etwas verquirltem Eigelb bestreichen. Mit der zweiten Teigplatte abdecken, die Ränder zusammendrücken und mit dem restlichen Eigelb bepinseln. Die Pirogge im Backofen (rechtzeitig vorheizen!) bei 180 Grad auf der mittleren Schiene etwa 40 Minuten backen.

Gefüllte Rotbarschschnitten auf „Helgoländer Art“

4 Portionen à 480 Kalorien

1 kg Rotbarschfilet
Saft von 1 Zitrone
Salz, Pfeffer
1/2 Teelöffel Thymian
1 Zwiebel, 1 Eßlöffel Butter
1/1 Dose geschälte Tomaten
4 Scheiben Räucherspeck
1 Scheibe Toastbrot
1 Bund Petersilie, 1 Ei
2 Eßlöffel süße Sahne
Muskat

Fischfilet waschen, mit Zitronensaft beträufeln, salzen, pfeffern und mit Thymian würzen. 15 Minuten stehen lassen. Zwiebel schälen, hacken, in Butter gelb werden lassen. Tomaten mit Saft zugeben und 10 Minuten kochen. 4 schöne Stücke aus dem Fischfilet schneiden, mit Speckscheiben umstellen und mit Holzspießchen feststecken. Restliches Fischfilet mit Brot und gewaschener Petersilie durch den Fleischwolf drehen. Mit Ei, Sahne und Muskat gut verrühren. Masse auf die Rotbarschfilets streichen. Tomatensoße in eine Auflaufform gießen, Fischschnitten einsetzen und bei 180 Grad im Backofen 35 Minuten dünsten. Mit Kartoffelpüree und Salaten servieren.

Tip: *So haben Sie auch im Winter immer frische Petersilie vorrätig: Petersilie fein hacken, in die Würfelfächer der Gefrierschalen geben, mit Wasser auffüllen und im Gefrierfach gefrieren lassen.*

Barschfilets „auf schwedische Art“

4 Portionen à 370 Kalorien

1,2 kg Barsch
1 Zwiebel, 1 Lorbeerblatt
1 Teelöffel Pfefferkörner
1/4 l Weißwein, 2 Zitronen
Salz, Pfeffer
1/2 Bund Petersilie
4 Scheiben altbackenes Toastbrot, 75 g Butter

Fischfilets von den Gräten schneiden, enthäuten (Vorsicht vor den scharfen Flossen!). Gräten mit Zwiebelscheiben, Lorbeerblatt, Pfefferkörnern und Weißwein 15 Minuten kochen. Fischfilets mit Saft von 1 Zitrone beträufeln, salzen, pfeffern. Petersilie hacken. Toastscheiben entrinden, zu Bröseln zerreiben, mit Petersilie mischen. Schale einer ungespritzten Zitrone unterreiben. Flache feuerfeste Form mit Butter bestreichen, Fisch einlegen. Fischfond daraufgießen, mit Bröseln bestreuen, mit zerlassener Butter beträufeln. Bei 180 Grad 35 Minuten überbacken. Mit süßsauer abgeschmecktem Gurkensalat und mit Kümmel gekochten neuen Kartoffeln servieren.

Fischstäbchen mit Käse überbacken ▸

4 Portionen à 330 Kalorien

2 Pakete tiefgekühlte Fischstäbchen à 300 g
4 Scheiben geräucherter Speck, 2 Zwiebeln
4 Scheiben Käse
1 Teelöffel milder Paprika

Die gefrorenen Fischstäbchen auf eine feuerfeste Platte legen. Speck und Zwiebeln kleinschneiden und anbraten, die Käsewürfel und den Paprika daruntermischen und auf die Fischstäbchen geben. Bei ca. 200 Grad 8–10 Minuten in der Röhre backen. Mit Kartoffelsalat und Remouladensoße reichen.

Schollen mit Krabben

4 Portionen à 295 Kalorien

4 Schollen à 250 g
Saft von 1/2 Zitrone, Salz
weißer gemahlener Pfeffer
Instant-Mehl, 3 Eßlöffel Öl
2 Eßlöffel Butter oder Margarine, 1/4 Dose Nordsee-Krabben
1 Eßlöffel frischer oder 1 Teelöffel getrockneter Dill
2–3 Eßlöffel Weinbrand

Ausgenommene Schollen waschen und 15 Minuten mit Zitronensaft marinieren. Danach gut würzen und in Instant-Mehl wenden. Fettpfanne im vorgeheizten Backofen bei 225 Grad 5 Minuten erhitzen, Öl und 1 Eßlöffel Fett hineingeben, Schollen einlegen und 8 Minuten braten. Danach Schollen wenden und noch 5 Minuten weiterbraten. Krabben mit 1 Eßlöffel Fett, Dill und Weinbrand erwärmen, aber nicht mehr kochen, da die Krabben sonst zäh werden. Schollen auf Platte anrichten, mit Krabben garnieren. Zitronenviertel und Salatplatte dazu reichen.

Gratinierte Krabben ▸

4 Portionen à 225 Kalorien

150 g gefrostete Krabben
250 g frische Champignons
1 Zwiebel oder 4 Schalotten
1 Teelöffel Margarine
weißer gemahlener Pfeffer
1/8 l Weißwein
1/8 l saure Sahne
2 gestrichene Teelöffel Mehl, Cayennepfeffer
Estragon
Saft von 1/4 Zitrone
Worcestersoße, Salz
50 g geriebener Käse
2 Eigelb

Krabben nach Vorschrift auftauen. Geputzte Champignons in dicke Scheiben schneiden. Gehackte Zwiebel oder Schalotten in Margarine 3 Minuten dünsten. Champignons zugeben, mit Pfeffer würzen und weitere 5 Minuten dünsten. Weißwein zugießen und aufkochen. Die Sahne mit Mehl verquirlen, unterrühren. Einmal aufkochen lassen, Krabben untermischen, nicht mehr kochen lassen. Gut würzen. Käse mit Eigelb verrühren. Eventuell 2 Eßlöffel Weißwein oder saure Sahne unterrühren. Krabben heiß in 4 Muschelschalen oder Ragoût-fin-Näpfchen füllen. Mit Eigelb-Käse-Creme bestreichen. Im Backofen bei Oberhitze etwa 4–5 Minuten überbacken.

Überbackene Fischklöße mit Champignons

Champignons waschen, abtropfen lassen, in Scheiben schneiden und fein hacken. Die Zwiebel schälen, fein hacken und in Butter oder Margarine gelb dünsten. Die Champignons dazugeben und dünsten, bis sie etwas trocken sind, und in eine feuerfeste Form geben. Die Fischklöße mit Flüssigkeit und Weißwein erwärmen und auf die Champignons geben. Den Fischsud aufkochen, schnell Sahne mit Eigelb und Speisestärke verquirlen, dazurühren und einmal aufkochen. Mit Muskat und Pfeffer abschmecken. Über die Fischklöße gießen. Mit dem geriebenen Käse bestreuen und im Backofen bei Oberhitze goldbraun überbacken. Mit Brot, Reis oder Salzkartoffeln und einer gemischten Salatplatte servieren.

4 Portionen à 315 Kalorien

1 Dose Fischklöße (ca. 400 g)
250 g frische Champignons
1 Zwiebel
2 Eßlöffel Butter oder Margarine
1/8 l Weißwein
1/8 l süße Sahne
2 Eigelb
2 Teelöffel Speisestärke
Muskat, Pfeffer
2 Eßlöffel frisch geriebener Käse

Fischkuchen „norwegische Art"

Für den Teig: Mehl sieben, das in kleine Stücke geschnittene Fett zugeben, mit dem Mehl vermischen und mit eiskaltem Joghurt und Salz zu einem Teig verarbeiten. 1/2 Stunde kalt stellen. Teig in 2 große und ein kleines Stück teilen. Ein kleines rundes Kuchenblech mit einer runden Teigplatte belegen.
Für die Füllung: Goldbarschfilet waschen und mit Champignon- und Krabbenbrühe sowie Weißwein zugedeckt ca. 5 Minuten dünsten. Sahne mit Eigelb, Mehl und Zitronensaft verrühren. Die Fischbrühe abgießen, damit binden, kurz aufkochen lassen, mit Salz und Pfeffer pikant abschmecken. Die Kuchenform mit dem abgekühlten Fischfilet, den in Scheiben geschnittenen Champignons und den Krabben belegen, mit der abgekühlten Soße bedecken und darauf die zweite, große Teigplatte geben. Von dem kleinen Teigrest die Form eines Fisches ausschneiden, mit Eigelb auf den fertigen „Kuchen" kleben und bei 200 Grad ca. 35 Minuten in der vorgeheizten Backröhre backen. Mit einer Schüssel frischem Kopfsalat servieren.

4 Portionen à 890 Kalorien

Für den Teig:
250 g Mehl
150 g Butter oder Margarine
1/2 Becher Joghurt, Salz
Für die Füllung:
500 g Goldbarschfilet
1/2 Dose Champignons
1/4 Dose Krabben
1/8 l Weißwein
1/8 l süße Sahne
3 Eigelb, 2 Eßlöffel Mehl
Saft von 1/2 Zitrone
Salz, Pfeffer

Thunfisch-Nudel-Kasserolle

4 Portionen à 400 Kalorien

250 g Teigwaren
2 Eßlöffel Olivenöl
1 Zwiebel
1 Eßlöffel Butter
oder Margarine
1 Scheibe Ananas
1 grüne Paprikaschote
1/4 l Fleischbrühe (Würfel)
1 Dose Thunfisch
4 Eßlöffel Sojasoße
1 Eßlöffel Essig
1 Teelöffel Speisestärke
1 Eßlöffel geriebener Käse

Die Teigwaren nach Vorschrift auf der Packung kochen, abgießen, kurz kalt abschrecken und gut abtropfen lassen. Mit dem Öl zusammen in den Topf zurückgeben und warm stellen. Zwiebelwürfel in Fett hell anschwitzen, zerkleinerte Ananas und Paprikastreifen zugeben, kurz dünsten, mit Fleischbrühe ablöschen und etwas einkochen lassen. Den zerbröckelten Thunfisch in die Soße geben, die Sojasoße mit Essig und Speisestärke verrühren, die Soße damit binden, nur noch einmal kurz aufkochen. Die Teigwaren in eine feuerfeste Form geben, mit dem Thunfisch und der Soße bedecken, mit etwas Käse bestreuen, kurz in der Röhre goldgelb überbacken.

Heringsfilets in Burgundersoße

4 Portionen à 330 Kalorien

2 Dosen Heringsfilets
in Burgundersoße
2 Zwiebeln
1 Eßlöffel Butter
oder Margarine
1 Eßlöffel gehackte
Petersilie
1/8 l Rotwein
1 Teelöffel Instant-
Bratensoße
1/1 Dose Kartoffeln
75 g geriebener Käse

Die Zwiebeln schälen, fein würfeln und in Butter oder Margarine gelb dünsten. Petersilie und Rotwein hinzufügen, aufkochen und die Bratensoße dazurühren. Die Heringsfilets in Burgundersoße hinzufügen und erwärmen. Die Kartoffeln aus der Dose abgießen, in Scheiben schneiden und in eine feuerfeste Form geben. Mit geriebenem Käse (etwa die Hälfte) bestreuen, den Fisch darauflegen, die Soße darübergießen und mit dem restlichen Käse überstreuen. Bei 225 Grad in den vorgeheizten Backofen stellen und in etwa 10 Minuten goldgelb werden lassen. Mit grünen Bohnen essen.

Heringsfilets auf Curryreis

4 Portionen à 425 Kalorien

2 Dosen Heringsfilets
in Currysoße
2 Zwiebeln, 2 Bananen
1 Eßlöffel Butter
oder Margarine

Zwiebeln und Bananen schälen, Zwiebeln in feine Würfel und Bananen in 1/2 cm dicke Scheiben schneiden. Die Zwiebeln und Butter oder Margarine in einen Topf geben, dünsten, bis die Zwiebeln gelb sind. Dann die Bananen dazugeben, kurz anbraten und mit Curry bestäuben. Den Reis dazurühren, heiße Hühnerbrühe dazugießen, das Lorbeerblatt hinzufügen und das Gericht zugedeckt auf kleiner Flamme etwa 20 Minuten garen. Dabei nicht rühren. Die Heringsfilets mit der Currysoße auf dem Reis verteilen, mit saurer Sahne beträufeln und mit Käsescheiben zudecken. Bei 225 Grad überbacken, bis der Käse zu schmelzen beginnt. Vielleicht noch mit etwas Curry bestreuen und zu Gemüsesalat aus grünen Erbsen, gedünstetem Blumenkohl und gekochten Möhren servieren.

1 Teelöffel Curry
1 1/2 Tassen Reis
3 Tassen Hühnerbrühe (Würfel)
1/2 Lorbeerblatt
1/8 l saure Sahne
3–4 Scheiben Käse

Aal gebacken

Den Aal in 4–5 cm lange Stücke schneiden und mit Zitronensaft, Salz und Pfeffer 1–2 Stunden marinieren lassen. Danach gut abtrocknen, in Mehl wenden, in verquirltes Ei tauchen und innen und außen gut mit Paniermehl umhüllen. In Backfett bei 175 Grad ca. 10 Minuten backen. Hierzu eine Soße servieren. Mayonnaise mit Joghurt verrühren, mit Salz und Pfeffer würzen und mit gehackten Gurken, Ei, Sardellen und Petersilie vermischen. Mit Zitronenspalten garnieren. Als Beilage eine gemischte Salatplatte reichen.

4 Portionen à 850 Kalorien

1 kg Aal (vom Fischhändler bereits getötet, abgezogen und ausgenommen)
Saft von 1/2 Zitrone
Salz, Pfeffer, Mehl
2 Eier, Paniermehl
Backfett
Zur Soße:
1/2 Beutel Mayonnaise
1/2 Becher Joghurt
2 Essiggurken
1 hartgekochtes Ei
2–3 Sardellenfilets
1 Eßlöffel gehackte Petersilie

Karpfen auf „ungarische Art"

Karpfen ausnehmen, waschen, innen und außen mit Zitronensaft beträufeln und salzen. Räucherspeck in Streifen, Zwiebeln in Würfel schneiden. Speck in Bratentopf anbraten. Zwiebeln gelb werden lassen und Karpfen hineinsetzen. Fleischbrühe zugießen, Fisch pfeffern. Zugedeckt im Backofen bei 180 Grad 30 Minuten garen. Danach Deckel vom Topf nehmen. Sahne mit Paprika verrühren, unter die Soße mischen und den Fisch mit der Soße einige Male übergießen, noch 10 Minuten braten. Mit gerösteten Kartoffeln und einem Paprikasalat servieren.

4 Portionen à 590 Kalorien

1 Karpfen, etwa 1,2 kg
Saft von 1 Zitrone, Salz
150 g durchwachsener Räucherspeck
2 Zwiebeln
1/8 l Fleischbrühe
gemahlener, schwarzer Pfeffer
1/4 l saure Sahne
1 Eßlöffel Edelsüß-Paprika

Schwedischer Fischpudding (1)

4 Portionen à 555 Kalorien

750 g gekochtes Fischfilet
1 kg Pellkartoffeln, frisch gekocht
4 große Zwiebeln, in Würfel geschnitten
3 Eßlöffel Butter oder Margarine
4 Eier, 1/4 l Milch
Salz, Pfeffer, Muskat
1/2 Teelöffel Aromat oder Fondor

Entgräteten Fisch in große Stücke zerpflücken. Die gekochten Kartoffeln schälen und in Scheiben schneiden. Zwiebelwürfel in dem Fett hell anschwitzen, den Fisch zugeben, kurz verrühren und Fisch und Kartoffeln lagenweise in eine längliche, gut gefettete und am Boden mit einem Stück Aluminiumfolie belegte Auflaufform schichten. Eier mit Milch und Gewürzen gut verquirlen und über Kartoffeln und Fisch gießen. Den Fischpudding im heißen Wasserbad im auf 175 Grad vorgeheizten Backrohr ca. 75 Minuten garen. Herausnehmen, den Pudding an den Seiten mit einem Messer lösen und auf eine Platte stürzen.

Fischauflauf (2)

4 Portionen à 575 Kalorien

750 g gekochtes Fischfilet
1 kg Pellkartoffeln, 4 Zwiebeln, 2 Eßlöffel Butter
2 Knoblauchzehen
1/1 Dose geschälte Tomaten, 2 Eßlöffel gehackte Petersilie
Salz, Pfeffer
2 Eßlöffel Worcestersoße
1/2 Teelöffel Aromat oder Fondor, 1 Beutel geriebener Käse
1 Eßlöffel Butter

Fisch entgräten und in grobe Stücke zerpflücken. Kartoffeln schälen und in Scheiben schneiden. Zwiebelwürfel in Fett gelb anschwitzen, den Fisch zugeben und kurz vermischen. Den feinzerdrückten Knoblauch unter die Tomaten geben und nun Fisch, Kartoffeln und Tomaten lagenweise in eine gut gefettete feuerfeste Form schichten. Die einzelnen Lagen mit Petersilie, Salz, Pfeffer, Worcestersoße, Aromat oder Fondor würzen. Die letzte Schicht mit Käse bestreuen und mit zerlassenem Fett beträufeln. Bei 200 Grad ca. 25 Minuten überbacken. Beilage: Salatplatte.

Seezunge oder Scholle „Doria" ▶

4 Portionen à 635 Kalorien

4 Fische (Seezungen oder Schollen) à 300 g, 1 Zwiebel
1/4 l Weißwein
Saft von 1/2 Zitrone
Aromat oder Fondor
Pfeffer, Salz
1 Salatgurke, 200 g Reis
1 Eigelb, 1 Eßl. Speisestärke
2 Eßlöffel Milch, Dill

Fische (Seezungen oder Schollen) waschen, in die Fettpfanne legen, mit Zwiebelwürfeln bestreuen. Saft von 1/2 Zitrone, Weißwein, Pfeffer, Aromat oder Fondor und Salz hinzufügen. Gurkenstreifen (ohne Kerne!) an die Seite geben. Den Fisch mit gefettetem Pergament zudecken, im Backofen bei 175 Grad 25 Minuten garen. Reis 18 Minuten in Salzwasser kochen, abtropfen, in Tassen pressen. Stürzen, mit Fisch, Gurkengemüse anrichten. Eigelb mit Speisestärke und Milch verquirlen, zum Fischfond rühren, aufkochen, über den Fisch geben. Dazu: gemischter Salat.

1
2

◂ Überbackenes Fischgericht

Fisch waschen, in beliebig große Stücke schneiden, mit Salz, Pfeffer und Zitronensaft marinieren. Lauch und Zwiebel in Streifen schneiden, in Öl anschwitzen, zerriebenen Knoblauch zugeben, mit Paprika und Curry bestäuben. Mit Fleischbrühe auffüllen, 5 Minuten kochen lassen. In eine feuerfeste Form den Reis geben, Fisch und Tomatenscheiben darauflegen, Soße darübergießen, mit Käse bestreuen und in der Röhre ca. 10 Minuten überbacken. Dazu grünen Salat reichen.

4 Portionen à 565 Kalorien

750 g Fischfilet
Salz, Pfeffer
Saft von 1 Zitrone
2 Lauchstangen
1 Zwiebel, 4 Eßlöffel Öl
1 Knoblauchzehe
1 Eßlöffel Paprikapulver
1 Teelöffel Currypulver
1/2 l Fleischbrühe
5 Tassen gekochter Reis
2 Tomaten
1 Eßlöffel geriebener Käse

Zanderschnitten in Portwein

Zanderfleisch von den Gräten lösen und danach die Haut abziehen. Filets waschen und mit Zitronensaft beträufelt 15 Minuten marinieren. Feuerfeste, tiefe Platte mit Fett dick ausstreichen, gehackte Schalotten hineinstreuen und mit Mehl bestäuben. Fisch einlegen, salzen und pfeffern. Portwein und Weißwein zugießen, mit Pergamentpapier abdecken und bei 200 Grad im vorgeheizten Backofen 35 Minuten garen. Herausnehmen und mit Sahne umgießen. Reis und Kopfsalat dazu servieren.

4 Portionen à 380 Kalorien

1 kg frischer Zander
Saft von 1/2 Zitrone
50 g Butter oder Margarine
3 Schalotten
1 gehäufter Eßlöffel Mehl
Salz
weißer gemahlener Pfeffer
1 Weinglas Portwein
1 Weinglas trockener, herber Weißwein
1/8 l süße Sahne

◂ Finnischer Fischauflauf

Fisch waschen und in Portionsstücke teilen. Eine feuerfeste Form mit 1 Eßlöffel Fett ausstreichen und mit gehackten Zwiebeln ausstreuen. Fischfilet mit den geschälten, in Scheiben geschnittenen Kartoffeln und Karotten darauflegen, mit Salz und Lorbeerblatt würzen und mit der mit Ei und Würzmischung verquirlten Milch übergießen. Das Gericht zuletzt mit Semmelbröseln bestreuen, mit dem restlichen zerlassenen Fett beträufeln und in der Röhre bei 180 Grad ca. 1 Stunde backen. Mit Zitronenspalten garnieren und in der Auflaufform servieren.

4 Portionen à 730 Kalorien

1 kg Goldbarschfilet
3 Eßlöffel Butter oder Margarine
1 Zwiebel
750 g Kartoffeln
250 g Karotten, Salz
1 Lorbeerblatt, 3 Eier
1/2 Teelöffel Fisch-Würzmischung
1/2 l Milch
2 Eßlöffel Semmelbrösel

Kalorien auf einen Blick

Fleisch, je 100 g	Kalorien
Rinderfilet	126
Rinderkeule	205
Roastbeef	254
Schweinefilet	176
Schweinekeule	362
Schweineschulter	395
Hackfleisch, gemischt	316
Mett	362
Kalbsfilet	105
Kalbskeule	103
Kalbsschulter	140
Kalbshaxe	107
Hammelkeule	250

Wild, Geflügel, Schinken, je 100 g	
Rehkeule	106
Rehrücken	133
Hasenrücken	124
Fasan	111
Ente	243
Gans	364
Brathuhn	144
Truthahn	230
Speck, fett	855
Speck, durchwachsen	658
Schinken, roh	395
Schinken, gekocht	282

Fisch, je 100 g	
Forelle	52
Kabeljau	44
Makrele	120
Hecht	49
Karpfen	83
Tintenfisch	110
Seelachs	57

Gemüse, Kartoffeln, je 100 g	
Champignons, Dose	25
Champignons, frische	24

Pfifferlinge, Dose	34
Pfifferlinge, frische	23
Paprika, frisch	28
Tomaten	19
Zwiebeln	45
Möhren	35
Sellerie	38
Kartoffeln	85
Kartoffelpüreepulver	357

Fette, Öle, Mayonnaise

Butter (100 g)	755
Butter (1 Eßlöffel)	150
Margarine (100 g)	750
Öl (1 Eßlöffel)	93
Olivenöl (1 Eßlöffel)	92
Mayonnaise (100 g)	758

Alkoholische Getränke

Weißwein (1/4 l)	160
Rotwein (1/4 l)	172
Cognac (2 cl)	47
Madeira (5 cl)	60
Sherry (5 cl)	55
Bier (1/4 l)	116

Nährmittel, Backwaren

Mehl (100 g)	368
Mehl (1 Eßlöffel)	37
Eierteigwaren (100 g)	390
Blätterteig (100 g)	410

Obst, je 100 g

Äpfel	52
Birnen	59
Birnen, Dose	72
Pfirsich, Dose	79
Orangen	54
Weintrauben	74

Alphabetisches Inhaltsverzeichnis